Unterm hellen Stern

AUTOREN-WERKSTATT 100

Weihnachts-Anthologie 19

Herausgegeben von
Rita G. Fischer

Unterm hellen Stern

AUTOREN-WERKSTATT 100

Weihnachts-Anthologie 19

Herausgegeben von
Rita G. Fischer

edition fischer

Zum Titel dieser Anthologie »Unterm hellen Stern«
inspirierte eine Zeile (auf Seite 63) aus dem Gedicht
»Weihnachtsgrüße« von Brigitte Gerland

> **Bibliografische Information Der Deutschen Bibliothek**
> Die Deutsche Bibliothek verzeichnet diese Publikation in der
> Deutschen Nationalbibliografie; detaillierte bibliografische
> Daten sind im Internet über http://dnb.ddb.de abrufbar

© 2007 bei den jeweiligen Autoren
c/o edition fischer GmbH, Orber Str. 30, D-60386 Frankfurt/Main
Alle Rechte vorbehalten
Schriftart: Palatino
Herstellung: Satz*Atelier* Cavlar / NL
Printed in Germany
ISBN 978-3-8301-1031-6
ISSN 0724-9543

Inhalt

Vorbemerkung 7

Beiträge von

René Ast 9
Christian Barsch 31
Jacqueline Barvencik 37
Renate Eckert 45
Inge-Christa Engler 51
Brigitte Gerland 57
Ernst-Ulrich Hahmann 67
Vera Hesse 87
Markus Hiltl 97
Angelika Jürgensen 107
Achim Klein 119
Klaus Mattern 125
Gerhard Opfer 131
Inge Peters 143
Heike Rudolf 159
Helga Schrade 165
Beate Siebert 171

Autorenübersicht... 177
Das Konzept der Autoren-Werkstatt......................... 184
Pressestimmen 185

Vorbemerkung

Sie halten die neunzehnte Weihnachts-Anthologie der Reihe »Autoren-Werkstatt« in Händen, gleichzeitig der 100. Band dieser Reihe. Im Rahmen dieser Sammelbände können Autoren kürzere Beiträge – Lyrik und Prosa, ggf. mit Illustrationen – einem breiten Publikum vorstellen.

Die Autoren werden im Namensalphabet aufgeführt, jeder Beitrag bildet somit eine in sich geschlossene Einheit und gibt einen Einblick in den jeweiligen Arbeitsstil des Schriftstellers. Biographische Angaben zu den Autoren finden Sie am Schluss des Bandes in der Autorenübersicht.

Über Weihnachten kann man auf so vielfältige Art schreiben, wie man dieses Fest auch feiern kann. Neben Gedichten, ohne die es niemals eine »Autoren-Werkstatt« gibt, enthält dieser Band auch die unterschiedlichsten Prosatexte.

Insgesamt präsentiert sich auch dieser Band wieder als eine sehr bunte Mischung höchst unterschiedlicher Texte, aus der sich jeder Leser nach seinem Geschmack »seinen« Lieblingstext auswählen wird.

Allen Autorinnen und Autoren sei Dank für ihre Beteiligung an diesem vielfältigen Band, der jedem Leser und jedem Geschmack schöne Weihnachtslektüre anbietet. Gehen Sie, liebe Leserinnen und Leser, auf Entdeckungsreise, gönnen Sie sich ein paar entspannte Stunden in aller Hektik der Vorbereitungen. Feiern Sie im Kreise Ihrer Lieben ein schönes, besinnliches und fröhliches Weihnachtsfest, und beginnen Sie das neue Jahr mit frischem Mut und voller Zuversicht. Möge es ein Jahr des Friedens und neuer, frischer Hoffnung werden.

Wir bringen jährlich weitere Sammelbände im Rahmen der »Autoren-Werkstatt« heraus. Die »normalen« Ausgaben sind für alle Themen offen, zwischendurch gibt es Anthologien zu speziellen Themen. Weihnachts-Anthologien sind inzwischen zur Verlagstradition geworden, so dass wir jeden herzlich einladen, uns bis 1. Juli unter dem Stichwort »Weihnachts-Anthologie« geeignete Texte zu schicken. Wir prüfen gerne kostenlos und unverbindlich, ob wir diese Arbeiten aufnehmen können. Gleiches gilt natürlich für die ganze Reihe »Autoren-Werkstatt«.

Einen ganz besonderen »Leckerbissen«, der das Herz jedes bibliophilen Bücherfreundes höher schlagen lässt, bieten auch unsere luxuriös ausgestatteten Sonderanthologien »Das Gedicht lebt!«, »Dokumente erlebter Zeitgeschichte« und »Collection deutscher Erzähler«, von denen wir jährlich je einen Band herausbringen. Diese großformatigen, leinengebundenen Bände erfreuen sich großer Beliebtheit. Zusätzlich erschien im Jahr 2007 zum 30-jährigen Verlagsbestehen eine ebenso schön ausgestattete Jubiläumsanthologie »30 Jahre R. G. Fischer«.

Haben auch Sie einmal Mut und kramen in Ihrer Schublade nach Gedichten, Erzählungen, vielleicht auch Zeichnungen und schicken sie an den R. G. Fischer Verlag, Orber Str. 30, 60386 Frankfurt am Main.

Rita G. Fischer

René Ast

Das rote Feuerwehrauto

Das Kaufhaus war voll von Menschen an diesem vorweihnachtlichen 14. Dezember. Sie schoben und drängten durch die schmalen Gänge zwischen den Angebotstischen. Die zusätzlichen Tische, die für den Weihnachtsverkauf aufgestellt waren, erschwerten noch das Durchkommen. Von der Decke herab schauten bunte Pappengel dem Treiben zu und silberne und goldene Girlanden an allen Seiten sollten Feststimmung aufkommen lassen. Rita Grau war auch an diesem Tag unterwegs, um noch einige Einkäufe zu tätigen, und mischte sich unter dieses kauflustige Volk. Im Untergeschoß hatte sie noch ein paar Lebensmittel eingekauft. Und oben in der Bücherabteilung holte sie noch das *Große Sagenbuch* und von Jules Vernes *Fünf Wochen im Ballon*, die beiden Bücher, die auf dem Wunschzettel der Kinder standen, und schaute sich jetzt nach einem Paar Wollhandschuhe für ihre achtjährige Ute um. Ja, und dann noch das Feuerwehrauto, das sich Peter gewünscht hatte. Dem Zwölfjährigen schwebt vor, einmal Feuerwehrmann zu werden. Das war nun mal seine fixe Idee, wie Kinder sie haben.

52,25 DM kostet es, viel Geld für Ute Grau, die nach dem frühen Tod ihres Mannes, der bedeutend älter war als sie, zu der knappen Rente durch Halbtagsarbeit als Verkäuferin in einer Bäckerei etwas hinzuverdiente. Halbtagsarbeit, denn sie wollte die beiden Kinder nicht den ganzen Tag allein lassen.

Die warmen Wollhandschuhe für Ute waren schnell gefunden, und sie stellte sich in die Reihe an der Kasse. Die Schlange war lang und es ging nur langsam voran. Vor ihr stand in der Reihe eine Frau mittleren Alters, die eine dunkelbraune Wolljacke mit einem dunklen Fellbesatz anhatte. Die keck aufgesetzte Sportmütze machte sie etwas jünger, als sie in Wirklichkeit war. Wieder ging es einige Schritte voran. Bald war auch Rita an der Reihe. So, jetzt ist es gleich soweit, denn die Frau vor ihr ist jetzt dran, legt das Geld zurecht und Ute hört, wie die Kassiererin zu der Frau vor ihr, die einen 50-Mark-Schein hinhält sagt: »Haben Sie es nicht kleiner?«

»Mal sehen«, meint die Angesprochene, legt den 50-Mark-Schein auf die Ablage vor der Kasse, wühlt in ihrer Handtasche und legt dann einen 10-Mark-Schein und eine 2-Mark-Münze auf den Kassentisch, steckt das Restgeld ein, nimmt den verpackten Einkauf entgegen, geht davon und läßt den 50-Mark-Schein auf der Ablage liegen. Rita erblickt ihn, zaudert, die Weggehende auf den liegengelassenen Geldschein aufmerksam zu machen, und das rote Feuerwehrauto schießt ihr durch den Kopf: 52,50 Mark.

»12,50 Mark«, hört sie die Kassiererin zu ihr sagen, sie die ganz verstört, fast abwesend ist. Sie holt das Geld aus der Handtasche, legt es auf den Tisch, ihre Gedanken sind aber bei dem liegengebliebenem 50-Mark-Schein und dem roten Feuerwehrauto. Und wie von einer unsichtbaren Kraft gesteuert, greift sie nach dem Geldschein und macht die weggehende Frau nicht auf das liegengelassene Geld aufmerksam.

»Nein, nein«, schreit es plötzlich in ihr, »das darfst du nicht tun!« Wo ist die Frau mit der dunkelbraunen Wolljacke? Sie kann noch nicht weit sein, es ist ja noch keine Minute verflossen. Sie drängt in die Richtung, in die sie die Frau hat weggehen sehen. »Du mußt sie finden, du mußt sie finden«, drängt eine innere Stimme in ihr. Sie bahnt sich einen Weg durch die Menschenmenge. Andere schimpfen hinter ihr her: »Können Sie nicht aufpassen?« – »Drängeln Sie doch nicht so!« Rita hört nichts, schaut nur nach der Gesuchten.

Da, da ist sie ja, sie erreicht sie, legt ihr die Hand auf ihre Schulter.

»Ja, was ist?« fragt sie.
»Sie haben, Sie haben«, stammelt Rita vor Aufregung, »Ihren 50-Mark-Schein an der Kasse liegengelassen.«
»Ich, den 50-Mark-Schein liegengelassen?«
»Ja, ja«, bestätigt Rita.
Die Angesprochene überlegt. »Ach ja. Vielen Dank, vielen Dank!«
Sie mustert die Finderin, beide Frauen schauen sich an.
»Sind Sie auch dabei, Weihnachtsgeschenke zu kaufen?« fragt die Frau in der dunkelbraunen Wolljacke.
»Ja«, sagt Rita, »ich schaue mich um, für meinen Sohn suche ich noch ein Feuerwehrauto.«
»Was kostet denn das?«
»52,50 Mark«, sagt Rita.
Die Unbekannte schaut Rita an, mustert sie. Reich scheint sie ja nicht zu sein und Traurigkeit klingt aus ihren Worten, als sie den Preis nennt.
»Behalten Sie das Geld und kaufen Sie Ihrem Jungen das Auto.« Dann dreht sie sich um, verschwindet in der Menschenmasse.
Rita steht wie versteinert da, schaut den Geldschein an und ruft noch »danke, danke« hinterher, als die Unbekannte im Menschenstrom verschwindet.

Am Weihnachtsabend ging Rita mit ihren beiden Kindern in die Kirche zur Christvesper. Anschließend gab es Kuchen und Kaffee zu Hause und dann öffnete die Mutter die Schlafzimmertür. Auf ihrem Bett lagen die Geschenke für Peter und auf dem Bett von Ute die für das Mädchen. Die Kinder fielen über die Geschenke her. »Mami, danke, Mami, danke«, hörte man nur noch im Raum. Peter konnte vor Freude nur noch tanzen und drückte das rote Feuerwehrauto fest an seine Brust.
Rita schaute den Kindern zu. Sie war auch zufrieden und eine große Ruhe kam über sie. Jetzt, am Heilig Abend, überfiel sie das Glücksgefühl, im Kaufhaus damals richtig gehandelt zu haben, und mit einem reinen Gefühl konnte sie an der Freude der Kinder

teilhaben. Ein unsichtbares Dankesgefühl ging auch an die Unbekannte im Kaufhaus, die mit ihrer Geste den Kauf des roten Feuerwehrautos erleichtert hat.

Der Weihnachtsmann als Schrankenwärter

Klaus spielte wie seit vielen Jahren auch dieses Jahr bei seinem Neffen und den Nichten den Weihnachtsmann. Er und seine Frau Mia hatten keine Kinder, und so galt ihre besondere Aufmerksamkeit dem siebenjährigen Benno und der vierjährigen Rita, den Kindern von Mias Schwester, und bei ihrem Bruder war die sechsjährige Angelika das Nesthäkchen. Es war schon ganz dunkel als Klaus nach der Bescherung bei den Kindern zu Hause ankam. Mit seinem rot-weißen Mantel, der großen Pudelmütze und den schweren Stiefeln polterte er zur Tür herein. Seine Frau hörte sein Kommen und eilte ihm entgegen. »Hat alles geklappt?« fragte sie.

»Alles in Ordnung«, sagte Klaus. »Aber weißt du, der Benno hat mich so eindringlich angeschaut, der hat mir so in die Augen geschaut, der zweifelt sicherlich schon am Weihnachtsmann.«

»Der ist auch schon sieben«, meinte Mia. »Jetzt zieh aber schnell deine Weihnachtsmannklamotten aus. Das Essen ist fertig und wir können uns gleich an den Tisch setzen.«

»Nein, warte mal«, sagte Klaus zu seiner Frau. »Auf dem Weg zu deiner Schwester bin ich in der Langen Gasse dem Robert Schuster, dem Schrankenwärter, begegnet, dem Vater von meinem Schulkollegen Werner. Er war gerade auf dem Weg zum Schrankenhaus. Er hat für einen Freund, der Kinder hat, den Dienst für heute abend für ein paar Stunden übernommen. Ich geh mal schnell vor zu ihm und bringe ihm eine Flasche Wein rüber. Es geht ihm nicht besonders gut – das Herz. Die Arbeit ist ja nicht sehr aufregend bei den paar Zügen, die hier auf der

Nebenstrecke durchfahren. Wenn notwendig, nimmt er ein paar Tropfen fürs Herz ein, sagte er mir. In zwanzig Minuten kommt der letzte Abendzug aus Seebruck nach Neustadt durch. Also wird er noch auf seinem Posten sein. Meine Weihnachtsmannsachen behalte ich noch an. Es soll auch zu ihm der Weihnachtsmann kommen, es ist ja Heilig Abend.«
»Mach aber nicht lange. Komm schnell wieder zurück. Du bist schon manchmal bei ihm lange sitzen geblieben.«
»Er hat mir immer wieder seine Geräte und Apparate erklärt. Aber heute komm ich gleich zurück«, versicherte Klaus seiner Frau.
»Ich hole dir die Flasche Wein aus dem Keller. Ich will nicht, daß du mit deinen umständlichen Sachen, die du anhast, die Treppe hinunterfällst.«
Mia brachte eine Flasche Lauffener vom Keller, und Klaus verschwand in Richtung Bahn.
Er ging die Dammstraße entlang und erblickte auch bald das Licht des Schrankenwärterhäuschens. Er öffnete die Tür, die knarrte und etwas klemmte. Auf der Tischplatte ausgestreckt, den Kopf zwischen Ober- und Unterarm gelegt, schlief Robert Schuster, der Schrankenwärter. Schlief?
»He, Herr Schuster, wachen Sie auf, der Abendzug kommt gleich. He, wachen Sie doch auf!«
Klaus rüttelte den Schlafenden. Er drehte ihn um. Starre, tote Augen schauten ihn leblos an. Erschrocken schaute sich Klaus um und betrachtete die Geräte und Apparate, die zur Ausstattung des Schrankenwärterhäuschens gehörten. Bald mußte der Abendzug, der letzte Zug des Tages, durchfahren. Klaus wußte Bescheid, er hatte sich hier oft mit den Schrankenwärtern unterhalten, seine Spazierwege führten immer wieder hier vorbei. In ein paar Minuten mußte der Zug kommen und laut Vorschrift hat der Schrankenwärter mit seiner Lampe am Bahnübergang zu stehen und somit anzuzeigen, daß die Strecke für die Weiterfahrt frei sei und daß keine Warnung auf dem Fernschreiber eingetroffen war. Wenn der Schrankenwärter nicht auf der vorgeschriebenen Position stand, mußte der Zug anhalten. Die Verzögerung

würde es dann nicht erlauben, den Regionalexpreß von Donaueschingen in Neustadt zu erreichen und man würde den Anschluß nach Freiburg verpassen. Am Weihnachtsabend, nein, nicht möglich!

Die Schranke herunterlassen, das konnte Klaus auch, denn diese Nebenstrecke war in der Zeit, in der unsere Geschichte sich abspielt, noch nicht vollautomatisiert. Da ertönte plötzlich das Glockenzeichen, daß der Zug in Schluchsee durchgefahren ist. In drei Minuten war er dann hier am Bahnübergang. Klaus handelte schnell. Er nahm die Lampe des Wärters, schaltete sie ein und stellte sich vor das Häuschen in seiner Weihnachtsmannkleidung. Der Zug raste durch. Klaus atmete erleichtert auf.

»Uff«, sagte er zu sich. Er wußte, daß er jetzt mit Klingelzeichen die Durchfahrt des Zuges an die nächste Schranke durchgeben mußte und er wußte auch, auf welchen Knopf er zu drücken hatte. Der Lokführer staunte nicht schlecht, als er bei der Durchfahrt den Weihnachtsmann an der Schranke stehen sah, und erzählte dann, zu Hause angekommen, lachend, das weihnachtliche Treffen mit dem Weihnachtsmann.

Klaus war es allerdings nicht zum Lachen zumute. Er stand nun hier mit der Leiche im engen Raum. Nach mehreren Versuchen gelang es, eine telefonische Verbindung mit der Betriebsleitung in Neustadt herzustellen. Er meldete den Vorfall. Sein Verhalten wurde gelobt, und man versicherte ihm, daß das Notwendige sofort in die Wege geleitet und Schusters Frau verständigt wird.

Langsam ging er nun nach Hause und hatte schwer unter dem Erlebten zu tragen. Er nahm sich zusammen, sagte seiner Frau nichts, denn er wollte ihr den Heilig Abend nicht verderben.

Am nächsten Werktag las sie den Vorfall in der Zeitung.

»Warum hast du es mir nicht gesagt?« meinte sie.

»Wir hätten es gemeinsam getragen und dir wäre die Last, das schreckliche Erlebnis selbst zu tragen, genommen gewesen.«

Der Brief an den Herrgott

Helene Wenzel hat ihre 63 Jahre nicht auf der Sonnenseite des Lebens zugebracht. Sie war noch ein Kind, da starben ihre Eltern in einem Abstand von nur vier Monaten. Sie wurde von ihren Großeltern mütterlicherseits aufgenommen. Diese waren einfache Leute: er war Fabrikarbeiter, und ein kleiner Schrebergarten versorgte sie mit dem notwendigen Gemüse. Helene half im Garten, beim Wäschewaschen und ein karges Mahl vorzubereiten – das erschien den Großeltern für das Leben auszureichen; Lesen und Schreiben lernte sie so gut es ging in der Schule.

Als Helene achtzehn war, verstarb die Großmutter und zwei Jahre später der Großvater, den sie diese Zeit hindurch versorgte. Nun stand sie alleine da: ein langes Leben vor sich, ohne richtige Lehre und Ausbildung. Mit Gelegenheitsarbeiten verdiente sie sich ihr bescheidenes Dasein. Bei Dr. Hegemann, in der gleichen Straße, wo sie im Hause ihrer Großeltern wohnen blieb, versorgte sie den Gemüsegarten und zog einige Blumen hoch. Bei Frau Schindler, die eine Heimwerkstätte eingerichtet hatte, wo stoffbezogene Knöpfe hergestellt wurden, half sie aus, wenn von einem Großhandelshaus ein eiliger Auftrag reinkam. Auch sonst wußte man in der Waldstraße, daß man mit Helene Wenzel rechnen konnte, wenn irgendwo jemand zur Hilfe für einen Großputz gebraucht wurde.

So einsam und bescheiden, wie sie lebte, hatte unser Lenchen, wie sie von allen in der Waldstraße genannt wurde, auch keine Freundin und schon gar nicht einen Freund. Sie war nicht häßlich, aber mit einem besonderen Charme hatte sie die Natur auch nicht ausgestattet. Dem christlichen Glauben war sie treu zugetan, wenn sie auch nicht jeden Sonntag eifrig in die Kirche ging. Der Pastor Ziegler kannte sie gut, und seine Frau nahm Helene manchmal zur Hilfe, wenn im Haus oder Garten schwere Arbeit anfiel.

Nun, jetzt kennen wir Helene Wenzel – und ich kann mit der Geschichte, die ich erzählen will, anfangen. Sie beginnt an einem Sonntag, dem 12. Dezember. Nach dem Mittagessen – Stampfkartoffeln mit Weißkäse – saß sie noch eine Weile in der Küche und schaute zum Kalender hinüber. Ein Kalender, der ihr vom Apotheker geschenkt wurde, und in dem für jeden Monat des Jahres eine Heilpflanze groß abgebildet war, deren Heilwirkungen ausführlich beschrieben waren. Noch knapp zwei Wochen bis Weihnachten ... Weihnachten war nie ein großer Festtag für sie gewesen. Aber sie hatte immer Wert darauf gelegt, daß auf dem Tisch doch etwas Besonderes stand, und um in die Christmesse zu gehen, hatte sie sich alle Jahre eine neue Bluse oder einen neuen Rock und sogar schon einmal ein neues Winterkleid gekauft. Auf diese Weise feierte sie die Ankunft von Gottes Sohn in der Welt. Dieses Jahr aber war sie besonders arm dran: der Kühlschrank, den ihr die Frau von Dr. Hegemann geschenkt hatte, als der Doktor einen neuen kaufte, hatte vor kurzem seinen Geist aufgegeben, und da sie nun mal an diese Bequemlichkeit gewöhnt war, kaufte sie sich eine kleine Kühltruhe, die ihre bescheidenen Ersparnisse aufbrauchte.

Sie sah nun nicht die Möglichkeit, zu Weihnachten ein neues Kleidungsstück zu kaufen und etwas Besonderes, wenn auch nichts Ausgefallenes, zum Essen auf den Abendtisch zu stellen. Sie war nicht verbittert, sie war nicht böse auf die Welt, sie war nur traurig. Aber die Ankunft des Gottessohnes wollte sie schon auf ihre, wenn auch bescheidene Art und Weise feiern.

In ihrer Traurigkeit kam ihr ein Gedanke. Sie faltete die Hände und fing an zu beten: »Lieber Herr im Himmel, du siehst, wie karg und arm ich leben muß. Du weißt aber auch, daß ich mich immer bemühte, den Tag, da dein Sohn auf die Welt kam, gebührend, wenn auch auf meine bescheidene Art zu feiern.

Dieses Jahr reicht es aber nicht einmal dafür und ich bitte dich um Verzeihung, wenn ich zur Christvesper nichts Neues anziehe und mich zum Abendessen mit einem einfachen Marmeladebrot und einer Tasse Tee begnügen muß.«

Sie legte die Hände auseinander, legte den Kopf bedächtig zur Seite, ein Lächeln huschte über ihr Gesicht und fügte dann noch hinzu: »Wenn du mir einen Engel schicken würdest, der mir eine neue Bluse und etwas Gutes zum Abendessen bringen würde, das wäre schön. Aber lieber Gott, ich glaube an dich und deinen Sohn, aber das mit den Engeln, das kann ich mir nicht gut erklären. Also verzeih mir, wenn ich den Geburtstag deines Sohnes dieses Jahr nicht gebührend feiern kann.«

In Gedanken versunken saß sie noch eine Weile am Tisch. Plötzlich leuchteten ihre Augen auf, eine Idee war ihr gekommen. Sie holte einen Papierbogen und schrieb das Gebet, welches sie soeben halblaut vor sich hergesagt hatte, mit ihrer ungelenken Handschrift nieder. Und wie im Traum faltete sie das Blatt Papier, klebte es zu und schrieb darauf: »An den Herrgott im Himmel«. Sie ging sogar soweit und setzte ihren vollen Namen auf die Rückseite des zu einem Umschlag gefalteten Papiers.

Sie lachte über sich selber. »Wie kann man nur so einfältig sein«, sagte sie sich. Und wer A sagt, der sagt auch B, und in ihrer Einfalt zog sie ihren alten Mantel an und ging so schnell sie konnte die Straße hinauf, in die Ortsmitte und warf dort am Postamt diesen seltsamen Brief in den Postkasten. Sie schaute noch nach rechts und nach links, um sich zu vergewissern, daß sie niemand bei diesem sinnlosen Tun beobachtete.

Am nächsten Tag leerte der Postmeister den Briefkasten, um die abgegebenen Briefe dem Postauto, welches jeden Vormittag die Briefe abholte, mitzugeben. Nun, er schaute schon mal, wer wem schrieb. Er wußte auch, wer von wem einen Brief bekam, aber Dienstgeheimnis war Dienstgeheimnis und er behielt sein Wissen für sich. Da fiel ihm der Brief an den Herrgott auf. Er staunte, nein, ein Kinderbrief war das nicht, wenn auch die Handschrift ungelenk war. Er drehte den Umschlag um. »Ach, die Helene Wenzel«, sagte er zu sich. Aber was mit dem Brief machen, fragte er sich. Dem Postauto mitgeben? Nein, das schien ihm nicht angebracht. In den Papierkorb? Dazu konnte er sich auch nicht entschließen. Da kam ihm der rettende Gedanke: der Herr Pastor! Der ist doch eigentlich zuständig für alles, was den Herrgott betrifft.

Am Abend ging er in das Pfarrhaus und zeigte dem Pastor den ungewöhnlichen Brief. Der Pastor zog die Augenbrauen hoch, was Ausdruck seines Erstaunens war, und drehte den Brief um. »Ach, die liebe Helene Wenzel.«

Der Postmann sagte zum Pastor: »Sie sind der Vertreter unseres Herrgottes auf Erden, also steht es Ihnen zu, den Briefumschlag zu öffnen.«

Pastor Ziegler warf dem Postmann einen fragenden Blick zu, griff dann doch zum Brieföffner und las langsam die mühevoll geschriebenen Zeilen.

»Ja, was machen wir denn da, mein lieber Postmeister?« sagte er belustigt über den Einfall von Helene Wenzel. »Komm mal, Luise«, rief er seiner Frau zu, die im Wohnzimmer den Tisch zum Abendessen deckte, »und schau dir diesen Brief an.«

Sie las den Brief und konnte ein Lächeln nicht unterdrücken. »Ja, was machen wir da?« wiederholte der Pastor. Seine Frau beugte sich zu ihm und flüsterte ihm etwas ins Ohr, damit es der Postmeister nicht hörte.

»Gut, gut, das machen wir so«, sagte der Pastor zu seiner Frau.

»Also«, sagte der Postmann, »ich habe den Brief der zuständigen Stelle gegeben, die Post hat ihre Pflicht erfüllt.« Und mit dem Lächeln, das dem Mitwisser eines Geheimnisses eigen ist, verabschiedete er sich vom Pastor und seiner Frau.

Als Pastor Ziegler am Sonntag vor Heilig Abend die kleine Kirche betrat und die versammelte Gemeinde begrüßte, stellte er mit Genugtuung fest, daß Helene Wenzel nicht unter der Schar der Gottesdienstbesucher auszumachen war. Am Schluß des Gottesdienstes verkündete er den Anwesenden, daß die heutige Spende, die am Kirchausgang gesammelt wird, einer bedürftigen Person zugute kommen soll, die sich in ihrer Not in einem

Gebet an den Herrgott gewendet hat, und wovon er, auf Umwegen, Kenntnis erhalten hat. 67 Mark und 35 Pfennig wurden für die fromme Briefschreiberin gespendet.

Helene Wenzel staunte nicht wenig, als ihr am nächsten Montag der Briefträger den Umschlag übergab. Bei ihr mußte der Postmann läuten und den Brief persönlich übergeben, denn Helene Wenzel benötigte für die wenige Post, die sie erhielt, keinen eigenen Kasten. Ein Brief für sie, ohne Briefmarke und Absender. Seltsam! Sie öffnete den Umschlag und staunte noch mehr, als sie las, direkt vom Herrgott, für eine neue Bluse und etwas Gutes zum Heilig Abend. »Wie ist das nur möglich, wie kann ich mir das nur erklären?« sagte sie und betrachtete das Geld.

Als Pastor Ziegler am Heilig Abend die Kirche betrat, suchte er mit seinen Augen Helene Wenzel. Ja, da saß sie. Er glaubte auch, zu erkennen, daß die Bluse, die unter dem zurückgeschlagenen Mantel zu sehen war, neu war. Er mußte ein zufriedenes Schmunzeln unterdrücken.

Am Abend gab es bei Helene Wenzel Forelle mit Reis und sie hatte sich sogar ein kleines Fläschchen Weißwein, ein ¼-Liter-Fläschchen für 1,95 Mark gegönnt. Als Nachtisch hatte sie noch ein Stück Sahnetorte gekauft und der Bäcker hatte ihr eine Schachtel Lebkuchen mitgegeben.

Nach dem Essen ging sie vor die Haustür. Sie blickte zum Himmel hinauf. Er war sternenklar und ihr war es so, als sehe sie bei einem der Sterne den großen Schweif, der Christi Ankunft verkündete. Sie trat in die Wohnung zurück, legte sich schlafen, aber sie fand nicht gleich Ruhe. »Die Engel«, sagte sie immer wieder, »die Engel, wer weiß, wer weiß.«

Ein Gast, der die Weihnachtsgeschichte las

Förster Gemmler ging am Nachmittag des Heiligen Abends wie alle Jahre in den Wald, um einen Weihnachtsbaum zu fällen. Unterdessen wirkte seine Frau im Haushalt, um die letzten Handgriffe für das bevorstehende Fest zu machen. Dies war bei Gemmlers seit Jahren schon so Sitte. Der Baum war bei ihnen schnell hergerichtet, denn Förster Gemmler, dem Grün der Tannen verbunden, wollte kein buntes Farbenspiel am Baum und so wurden nur Kerzen angebracht, und dies war schnell geschehen.

Der Förster hatte schon seit langem den Baum ausgesucht, der dieses Jahr der ganzen Familie mit seinem Kerzenschein Weihnachtsstimmung ins Försterhaus bringen sollte. Seine Familie, das heißt neben ihm seine Frau, dann der zwölfjährige Tobias und dessen vier Jahre jüngere Schwester sowie Frau Gemmlers Mutter, die Witwe war.

Dieses Jahr nahm er Tobias zum ersten Mal mit. Am Waldrand, bei der Einfahrt in einen Waldweg, ließ er den Wagen stehen und bald hatten sie den ausgesuchten Baum erreicht. Er war auch schnell gefällt, der Förster kannte sein Handwerk und verstand es, mit der elektrischen Säge umzugehen. Er trug den Baum zum Wagen; Tobias war noch keine große Hilfe, aber der junge Bursche ergriff einen Ast und zog an dem frisch gefällten Baum nach besten Kräften mit.

Am Wagen angekommen lud Gemmler den Baum auf die Laderampe und befestigte ihn gut, damit er bei der Fahrt nicht hin und her geschaukelt und beschädigt wurde. Da sahen sie einen Mann mit Pelzmütze, in einen dunklen Mantel gehüllt und auf einen Stock gestützt, die Straße heraufkommen. Er hinkte nicht, den Stock brauchte er eigentlich gar nicht. Gemmler und sein Sohn hielten in ihrer Ladearbeit inne und schauten dem Fremden, der auf sie zukam, entgegen. Als er auf ihrer Höhe war, sagte er: »Einen schönen Baum haben Sie da geholt. Schön gleichmäßig gewachsen.«

Er schaute auf den grünen Försterrock und fügte hinzu: »An der Kleidung sehe ich, daß Sie Förster sind. Da hatten Sie gute Gelegenheit, den richtigen Baum auszusuchen; wird ein schönes Weihnachtsfest geben.«

»Ja«, sagte Gemmler und griff die eingefädelte Unterhaltung auf. »Meine Frau macht zu Hause die letzten Vorbereitungen für das Weihnachtsfest. Bei Ihnen wird es wohl auch so sein und Sie unternehmen noch vor dem Fest einen Waldspaziergang.«

»Nein«, entgegnete der einsame Spaziergänger, »mich erwartet niemand zu Hause, meine Frau ist vor drei Jahren gestorben.« Der Förster entschuldigte sich und bedauerte, daß er diese traurige Erinnerung wachgerufen habe. Der alte Mann beschwichtigte ihn und meinte, dies komme immer wieder mal vor und niemand muß sich deswegen entschuldigen.

»Sie wohnen hier?« fragte der Förster.

»Ja, das zweite Haus im Ort, wenn ich die Landstraße weitergehe. Nach dem Tod meiner Frau bin ich aus der Stadt hierher gezogen.«

»Dann sind Sie ganz allein«, sagte der Förster und fragte: »Auch heute, am Heiligabend?«

Der Witwer bejahte und fügte hinzu. »In den drei Jahren habe ich mich nun schon daran gewöhnt. Mein Sohn lebt in Kanada und für die paar Feiertage ist der weite Weg dann doch wohl zu aufwendig, dazu noch im Winter. Der Winter hier genügt mir schon, ich will nicht noch den kanadischen erleben, diesen Sommer bin ich ein paar Wochen bei meinem Sohn gewesen.«

Der Förster machte ein nachdenkliches Gesicht. Der Fremde machte einen guten Eindruck auf ihn, er war gepflegt, sprach ein reines Hochdeutsch – war sicherlich nicht aus der Gegend. Man sah es dem Förster an, daß in seinem Kopfe etwas vorging. Ja, er hatte sich durchgerungen und sagte: »Am Weihnachtsabend ganz allein, nein. Wissen Sie was, kommen Sie mit und feiern Sie den Heilig Abend mit uns.«

»Nein, nein«, entgegnete der Unbekannte. »Ich will den Weihnachtsabend in Ihrem Familienkreise nicht stören.«

Der Förster redete ihm zu und wiederholte die Einladung, sogar Tobias stimmte in die Aufforderung ein, doch mitzukommen. Auch er hatte an dem Mann, von dem Ruhe und Gelassenheit ausgingen, Gefallen gefunden. Der Fremde ließ sich dann doch überreden und sie stiegen in den Wagen.

»Meine Frau wird zwar staunen, sich aber auch freuen, wenn ich jemanden mitbringe, der am Heiligabend allein zu Hause gewesen wäre. Wir sind mit unseren zwei Kindern und meiner Schwiegermutter fünf zu Hause. Da ist für Sie auch noch ein Platz.«

Beim Förster angekommen sah der Gast das Hausschild: Forsthaus, F. Gemmler. Er blickte zum Förster auf und sagte: »Mein Name ist Fürst, Gerhard Fürst, ich hätte mich schon vorhin vorstellen sollen.«

Die Frau des Försters hatte die Ankunft ihres Mannes gehört und kam in den Vorraum. Der Förster erzählte ihr von dem unerwarteten Zusammentreffen mit Herrn Fürst, und daß er ihn aufgefordert habe, da er am Heiligen Abend allein sei, heute ihr Gast zu sein. Auch Frau Gemmler begrüßte den Fremden herzlich, denn was ihr Mann tat, galt auch immer für sie. Frau Gemmler brachte den Männern einen heißen Tee zum Aufwärmen. Der Förster stellte den Baum auf und man ging gleich daran, die Kerzen gleichmäßig anzubringen. Herr Fürst half bereitwillig dabei. Frau Gemmlers Mutter kam nun auch hinzu und auch sie fand freundliche Worte für den Gast, denn Frau Gemmler hatte ihre Mutter schon in der Küche über die Anwesenheit des Herrn Fürst heute abend in Kenntnis gesetzt.

Während die Gemmlers sich für den Weihnachtsabend umzogen, erfrischte sich der Gast auch etwas. Bald saßen alle fünf am festlich gedeckten Tisch; es gab Kuchen und Kaffee. Das war üblich so bei Gemmlers, bevor man richtig mit Singen, Lesung, Bescherung und Abendessen Weihnachten feierte.

Gemeinsam sangen nun alle »Oh, du fröhliche ...«, der Gast sang eifrig mit. Scheinbar fühlte er sich recht wohl in dieser Familie, die ihn zum Weihnachtsfest so freundlich aufgenommen hatte. Der Förster erhob sich, ging zum Bücherschrank und kam mit der Bibel in der Hand zum Tisch zurück und wandte sich an den Gast: »Wir lesen vor der Bescherung immer im Lukasevangelium die Weihnachtsgeschichte.«

Herr Fürst schaute zum Förster hinüber, sah ihn fragend an, streckte die Hand aus und sagte: »Erlauben Sie, daß ich vorlese, es soll mein Weihnachtsgeschenk für Sie alle sein.« Der Förster war wohl erstaunt, schaute den Gast an und reichte ihm die Bibel.

Gerhard Fürst begann zu lesen: »Es begab sich aber zu der Zeit, daß ein Gebot von dem Kaiser Augustus ausging, daß alle Welt geschätzt würde.«

Der Förster und seine Frau schauten sich nach den ersten Worten, die der Gast gelesen hatte, erstaunt an. Beiden war aufgefallen, daß die Stimme ihres Gastes plötzlich ganz anders als bisher klang. Sie war voller, die vollendete Aussprache, die Betonung. Noch nie hatten sie den Pfarrer in der Kirche die Weihnachtsgeschichte so eindrucksvoll lesen gehört.

»... denn sie hatten sonst keinen Raum.« Mit diesen Worten schloß Gerhard Fürst die Lesung, klappte die Bibel zu und sagte: »Jetzt werde ich mich von Ihnen verabschieden. Ich will Sie bei der Bescherung nicht weiter aufhalten. Es war sehr lieb von Ihnen, mir diesen Abend geschenkt zu haben. Es waren schöne Weihnachten für mich, es war so warm bei Ihnen.« Die Gemmlers wollten den Gast nicht gehen lassen, aber kein Zureden half.

»Ich will jetzt gehen«, wiederholte er, zog seinen dunklen Mantel an, setzte seine Pelzmütze auf, nahm den Stock, und der Förster begleitete ihn bis zur Gartenpforte. Es war eine dunkle, finstere Nacht. Der Mond war nicht zu sehen und kein Stern leuchtete am Himmel, der von einer Wolkenwand verdeckt war. Herr Fürst reichte dem Förster noch die Hand zum Abschied und sagte: »Nochmals vielen Dank für dieses schönen Weihnachten, das Sie mir beschert haben.«

»Wir haben zu danken für die eindrucksvolle Lesung der Weihnachtsgeschichte. Kommen Sie gut heim, Herr Fürst«, rief ihm der Förster noch nach.

»Es ist nur eine halbe Stunde Weg«, hörte er ihn noch sagen, als dieser im Dunkel der Nacht verschwand.

Bei Gemmlers wurde nun nach gewohntem Rhythmus Weihnachten gefeiert: Bescherung, dann das weihnachtliche Abendessen und anschließend der Kirchgang. Bei allen fünf waren aber die Gedanken immer noch bei dem Gast, der dieses Jahr in ihrem Kreise den Heilig Abend mitgefeiert hatte.

Überspringen wir die zwei nachfolgenden Tage – es war dann ein Freitag, als es wieder eine Zeitung gab. Herr Gemmler holte sie aus dem Briefkasten, und während seine Frau das Frühstück für alle vorbereitete, warf er schnell einen Blick hinein. Er las zuerst immer den Lokalteil, denn was in der Welt passiert war, das wußte man ja schon aus den Fernsehnachrichten.

Er überflog die fettgedruckten Überschriften der einzelnen Berichte und blieb bei der Meldung *Gefeierte Rückkehr des beliebten Schauspielers Gerhard Fürst auf die Bühne* stehen. Er las, daß nach dreijähriger Spielpause der Schauspieler, der am Weihnachtsabend Gast bei Ihnen war, auf die Bühne zurück kam, und bei der Aufführung am ersten Feiertag vom Publikum stürmisch gefeiert wurde.

»Luise, Luise«, rief er und eilte in die Küche. »Lies mal, was für einen prominenten Gast wir am Weihnachtsabend an unserem Tische hatten.«

Die Frau des Försters konnte es kaum fassen, mußte sich setzen und tief Luft holen. Jetzt war das Rätsel gelöst: so wie der Gast konnte natürlich nur ein Schauspieler das Lukasevangelium vorlesen.

Am Frühstückstisch wurde dann beschlossen, daß alle vier bei einer der nächsten Aufführungen von Schauspieler Gerhard Fürst gemeinsam ins Theater gehen werden.

Das verlorene Weihnachtsgeschenk ...
... und die wiedergefundene Freundschaft

Die Weihnachtsgeschichte muß ich hoch in den Norden verlegen, denn ich brauche eine Schneelandschaft. Eine Schneelandschaft, die es bei uns seit langem zu Weihnachten nicht mehr gibt. Ich muß Schnee haben, viel Schnee; eine Schneedecke, die einen herabfallenden Gegenstand, sagen wir eine Kiste oder einen Karton, sanft und geräuschlos aufnimmt, so daß der Fahrer, in diesem Falle eines Schlittens, den Verlust nicht wahrnimmt.

Es war der frühe Nachmittag des 24. Dezember, als Magnus Molde sich auf den Weg zu seiner Schwester Marit Harstadt machte, die in der Nähe von Bodo mit ihrem Mann und ihren zwei Kindern wohnte. Es war ein Tag, an dem in Norwegen, hier spielt meine Weihnachtsgeschichte, die Sonne schon ganz verschwindet. Dies bedeutet jedoch nicht, daß es völlig dunkel wird. Aus ihrem Versteck, hinter dem Horizont, wirft die Sonne ihr Licht herüber und färbt ihn rot und den Himmel blau. Magnus war Holzschnitzer, bekannt durch seine gelungenen Holzarbeiten von Orens bis zur Hafenstadt Slovear. Er wurde sogar geholt, um Stabkirchen auszuschmücken. Diese Kirchen des Nordens, für deren Bau und Innenausstattung nur Holz verwendet wird, wo Querbalken, Bänke, Emporen und die Säulen, die sie halten, ohne Verwendung von Nägeln, genutet und gespundet werden.

Magnus hatte sein Rentier vor den Schlitten gespannt. Die weit gespreizten Hufe dieser Tiere eignen sich besonders gut für das Laufen im Schnee – und wenn es auch Gerda hieß, trug es ein großes Geweih, denn im Gegensatz zu unseren Rehen, tragen bei den Rentieren auch die Weibchen ein starkes Geweih. Er verstaute die Geschenke für seine Schwester und die ganze Familie hinter seinem Sitz und los ging die Fahrt auf verschneitem Wege, in den Spuren, die schon andere Schlitten vor ihm gebahnt hatten. Magnus trieb Gerda zu einem schnelleren Gang an. Der Waldweg, den er einschlug, wies schon mal einige Unebenheiten auf, die vom Schnee, der gestern gefallen war, nicht ausgeglichen wurden. Und so merkte es Magnus nicht, als bei einer Unebenheit ein Karton, den er ganz obenauf gelegt hatte, der leicht war und ein empfindliches Geschenk beinhaltete, vom Schlitten glitt und ganz geräuschlos und sanft von der Schneedecke aufgenommen wurde. Nach gut einer Stunde flotter Fahrt durch die winterliche Landschaft kam er bei seiner Schwester an. Der Hausmeister kam ihm gleich entgegen, als er das Gefährt in den Hof einfahren hörte, und Magnus übergab ihm Schlitten und das Rentier, damit er es im Stall versorge. Er wies ihn auch an, die Kartons, die auf dem Schlitten untergebracht waren, in der Diele des geräumigen Hauses unterzubringen.

Am gleichen Abend, fast zur gleichen Zeit, kehrte Kristian Torvik aus Glomfjort zurück, wo er die letzten Einkäufe für die Festtage gemacht hatte. Kristian war ein Nachbar von der vorhin erwähnten Marit. Sein Haus lag in der gleichen Straße eine Viertelstunde entfernt. Eine große Rentierherde gehörte ihm und er zählte zu den reichsten Leuten der Umgebung. Auch sein Schlitten wurde von einem kräftigen Rentier gezogen, eines der besten aus seiner Herde. Er war es nun, der den Karton, den Magnus verloren hatte, am Wegrand im Schnee liegen sah. Er hielt sein Rentier an, hob den Karton auf, betrachtete ihn von allen Seiten; kein Name, keine Aufschrift waren festzustellen. Also nahm er ihn mit, ohne sich im klaren zu sein, was er denn damit machen sollte.

Zu Hause angekommen lud er seine Einkäufe ab und zeigte seiner Frau, die ihn begrüßte, den am Wegrand gefundenen Karton. »Was machen wir damit?« fragte sie. »Mal aufmachen«, meinte Kristian, »vielleicht gibt uns der Inhalt einen Anhaltspunkt, wo er hingehört.«

Ein rot-brauner Fischerkutter, Rorbus nennt man sie in der dortigen Gegend, kam zum Vorschein. Schön sauber, in Holz geschnitzt, mit zwei Masten und Segeln aus Tuch.

Als Björn, der Blondschopf der beiden, der bereits zur Schule ging und der inzwischen auch dazugekommen war, das Boot erblickte, rief er gleich aus: »Das ist für Erik. Er hat in der Schule erzählt, daß er von seinem Onkel Magnus, der Holzschnitzer ist, einen Fischkutter geschenkt bekommen wird, der dem Kutter seines Onkels in Solvaer nachgebildet sein wird. Ja, Magnus und Mertis Bruder war tatsächlich Fischer in Solvaer, ein bekannter Fischerort, wo alle Jahre die Weltmeisterschaft im Kabeljaufischen stattfindet und wo im Hafen die Fiskerkone, die Fischersfrau, steht, ein ergreifendes Monument für die tapferen Männer, die ihr Leben auf See lassen mußten, und für die Frauen, die ihre Männer an das Meer verloren haben. Erik war der Sohn der Nachbarn Harstadt, denen große Wäldereien gehörten, und die ungefähr zwei Kilometer entfernt ihr Gehöft hatten, wo Magnus vor kurzem eingetroffen war.

»Ich leg schnell die Ski an«, sagte Kristian, »und lauf mal rüber. Der Junge soll doch sein Weihnachtsgeschenk bekommen. Björn, komm mit«, sagte er zu seinem Sohn. Kristians Mutter, die inzwischen dazugekommen war und alles mitbekommen hatte, sagte an ihren Sohn gewandt: »Du willst jetzt nachts zu Harstadts rüber? Hast du schon vergessen, wie sie sich aufgeführt haben, als unsere Straße verbreitert und mit einem festen Belag versehen werden sollte. Der alte Harstadt hatte sich im Gemeinderat dagegen gesträubt, er wollte keinen Meter Wald hergeben, den man gebraucht hätte.«

»Mutter«, sagte Kristian, »das ist jetzt ein paar Jahre her. Es war der Gemeinderat, der das Projekt der Straßenverbreiterung abgelehnt hatte, und wenn der alte Harstadt besser argumentiert hat als wir, dann müssen wir es hinnehmen. Und dann, Mutter, es geht um das Kind, um sein Weihnachtsgeschenk, das an diesem Abend fehlen wird.« Mißmutig verließ die Mutter den Raum.

Kristian ging in die Diele und legte die dort immer bereitstehenden Skier an, rief seinen Sohn und beide machten sich auf den kurzen Weg.

Auf ihren Skiern glitten sie fast geräuschlos durch die winterliche Landschaft. Der Mond, dem nur noch drei Tage zu seiner vollen Fülle fehlten, schaute zu.

Inzwischen hatte man bei den Harstadts das Fehlen eines Kartons festgestellt, und Magnus war untröstlich, daß gerade das Geschenk für seinen Neffen fehlte. Hatte er es verloren, hatte er vergessen, es aufzuladen? Er wußte es nicht. Er wußte auch nicht, was er machen sollte, um den Jungen am Weihnachtsabend nicht leer ausgehen zu lassen. Anspannen und noch einmal zurückfahren? Die Zeit war knapp, denn in die Christvesper wollten sie auch noch zusammen gehen.

Und da kam Kristian und sein Sohn auf ihren Skiern an, sozusagen als echte Weihnachtsmänner, und brachten das am Wegesrand gefundene Weihnachtsgeschenk. Die Freude war groß, und Magnus war erleichtert; das Boot war da, der Weihnachtsabend war vor allem für Erik gerettet.

»Wirklich nett von dir, Kristian, daß du an diesem Abend den Weg auf dich genommen hast«, sagte Magnus. »Vielen Dank, nun können wir, und vor allem der kleine Erik, richtig Weihnachten feiern.«

Beide schauten sich an, und Magnus spürte, daß Kristian bereit war, eine Brücke zwischen den Nachbarn zu bauen, die sich fremd geworden waren.

Kristian und sein Sohn glitten auf ihren Skiern durch die weiße Landschaft nach Hause. »Schau, wie der Mond lacht und wie die Sterne um ihn herumtanzen«, sagte der kleine Björn zu seinem Vater.

»Weißt du auch, warum er lacht und warum die Sterne vor Freude tanzen? Weil wir einem Kind das Weihnachtsfest gerettet und dem Nachbarn die Hand zur Versöhnung gereicht haben.«

Björn legte seinen Kopf nach hinten, schaute in den hellen Sternenhimmel und rief: »Die Sterne, sie tanzen, sie tanzen ...«

Christian Barsch

Erkundungen (90)

Ausstellung

Ein Seelenwesen liebt an seiner Vater-
stadt ausgewählten Platz; einen von vielen
zwar, aber er erscheint ihm adäquater
als andere mit seinen Wasserspielen
und alten Bäumen hinter dem Theater.

Das Becken lädt die Kinder nicht zum Bade
mehr ein, denn es ist leer, die Sprudel schweigen;
der Sommer schwand, das finden alle schade.
Grau Herbst färbt das Geviert der Promenade;
doch viele farbige Plakate zeigen
zu großem Haus mit prächtiger Fassade.

Theatergegenüber ihn zu säumen,
den Brunnenplatz, ziert stolz ihn ein Gebäude
mit Schmuckportal, Prunktreppe, hohen Räumen
in Menge, daß Besuchern dort zur Freude
an Landschaftsbildern (auch an Sommerbäumen)
sich Überzeitkunst geradezu vergeude
und Seelenwesen nötige, zu träumen.

Recht tat der Maler dran, in traulich hellen
Saalweiten trüben Herbst hinwegzubannen,
die Früchte seines Fleißes auszustellen
(und seiner Gabe), Sichten, die zu Quellen
von Zaubersinn, von Zeichenflut gerannen,
zum Bund des Wirklichen und Ideellen.

Welch Welt muß sich vor Andachtaugen lichten!
Seelwesen, in spätherbst-, frühwintergraue
Umarmung tretend, sah: Zu vielen Schichten
verbinden sich das Vage und Genaue;
der Mensch ist fähig unerhörter Sichten.

Christian Barsch

Verbindende I

Aus enorm beeindruckendem Bilderreich
sich in späten Herbstes Dunst zurückzufinden
fällt nicht leicht; in diesem Falle müssen gleich
drei nach Sinnbildkunst sich an trüb Grau gewöhnen:
Iele, Gert und Enni, froh sich zu verbinden,
sind zum Perlendreiklang wiederum vereint
(denn was war, sei), um dem Inbegriff des Schönen,
und in dieser Zeit vorzüglich, wie es scheint,
Reverenz zu zollen, um mit goldner Borte
Dunstgrautage zu umwinden und zu krönen.
Landschaftszeichenwelt hat sie zutiefst bewegt –
streben nun vom Bilderreich zum Reich der Worte,
wird per Anschlag doch vom Buchhaus angeregt,
dortselbst Vortrag über Wortwert zu besuchen.
Staunen unterwegs Schaufenster an als Horte
ungemein zweckrechter Menschenfindigkeit,
mag man dem Bequemen frönen oder fluchen.
Leise festlich wirkt die Luft trotz Herbsteszeit,
feiner Glanz strahlt von den ausgelegten Waren,
und es duftet gar verschämt nach Pfefferkuchen.
Enni, Iele, Gert, die Perlendreiklang sind,
dünkt, indem sie sich zum Worte-Vortrag scharen,
daß in zartem festlichem Wind und Gebind
eine Art durchsichtige Menschen-Bahn-Schlangen
unablässig ankommen, endlos, abfahren,
daß zu gläserner bewegter Existenz
Wesen da sind, aufzuhören, anzufangen
als Vergehens/Werdens stumme Quintessenz.
Drei Bekannte, schleierzart-zwangeng umwunden
von schon Festerwartung und darin von langen
transparenten Schlangen, auf dem Weg zum Wort;
und der Herbst, die Straßen, Läden, ihre Kunden
wirken wie ein spukschwer-fremd-geheimer Ort.

Lesesaal (Lied in Gold)

Schloßhaftes Haus, dereinst Fabrik gewesen,
zurückgerückt verzäunten Vorhofs wegen,
bedrängt-beschützt von andren Häuserbesen,
die ruppig eng sich links/rechts seitlich regen,
heißt dennoch Tempel allen, welche lesen.

Lob ihnen, den Still-und-versöhnlich-Stimmern
(zumeist), den Büchern als zu Geistmassagen
Bestellten, die, da Zeiten sich verschlimmern,
hier auf viel Borden und in vielen Zimmern
postiert sind und auf allen drei Etagen
in mildem goldnem Licht adventlich schimmern.

Und erst der Saal im Zentrum! Bis zur Decke
geziert mit Tausenden von Bücherscharen,
erreichbar von drei Galerien. Strecke
und Höhe nur aus Buch, nur aus Bewahren!
Feinmilder Schein umtastet jede Ecke,
gemischt von Oberlicht, Schreiblampenpaaren,
Schmuckkerzenschimmer der Adventsgestecke.

Seelfreundlich laden auf den Galerien
plazierte Doppeltische zum Studieren
wie zum Erbauen ein; weithoch umziehen
unendlich Bücher alle Wandpartien –
die schönste goldne Krone: dem Verlieren
in Geisteswelten sei sie hier verliehen.

Und Lob und Krone nochmals dem Bewahren!
Gleich Himmels-, Lampen- und Adventsgeleuchte
soll Seele Schön- und Klugheitsstrahl durchfahren
des Besten, das Menschwesen wichtig deuchte
zurückzulassen von vielvielen Jahren.

Verbindende II

Enni, Gert und Iele, Dreiklang wiederum
schließlich (Perlendreiklang; denn es ist gewesen,
daß es weiter sei), vom Reich der Worte zum
Reich der Klänge strebend, wandern selbstvergessen,
doch von Wesenschlangenglasspuk fast genesen,
durch schon weihnachtlichen Dämmernachmittag.
War der Worte-Vortrag wahr? Geträumt? Indessen
»Wort bleibt unersetzbar« und »Technikgerag
hilft der Seele schwerlich« gelten, ausgesprochen
oder ungesprochen, wohl als interessen-
freie Unverrückbarsätze. Über viel
Bunt- und Goldlicht ist sacht Abend angebrochen;
die drei Freunde, zu erhabnem Tönespiel
unterwegs, bewundern gern an Buden, Ständen
Kunterbunt, eines vom andern ausgestochen,
aber vorweihnachts stets neu be- und geliebt –
bald wird der von fleißigen (Maschinen-)Händen
reichlich hergestellte Tand hinweggestiebt
aus dem Sinn durch Ungreifbar-, Unsichtbarkeiten
feierlichster Gattung, von dann Seelschmuckbränden.
Noch entzücken Kerzenduft und Leckerei
Aug und Herz – bald heiligen erhabne Weiten
unsterblicher Klänge seltne Seelendrei:
Iele, Enni, Gert. Auf Weihnachtszierfiguren,
die sich straßenlängs in Buden, Ständen breiten,
gegen Abenddämmer, Lämpchen, Kerzen schwingt
glashaft Bild von unwirklichen Partituren;
um den vorweihnachtsfestlichen Trubel dringt
geisterblasser Notentext als transparente
Köpfehälsefähnchen, bleiche Zeilen, Spuren
unbekannter Spielanweisungen sowie
die Erwähnung unspielbarer Instrumente,
Mitteln zu bislang abstrakter Harmonie.

Kirchenkonzert

Zum Abendhimmel ragt die hohe, steile
Dachmasse, ragt des Turmes Kupferhaube;
erhaben vor verrauschter Zeiteneile,
bedeutet er, Dom, An-das-Gute-Glaube
auch fürderhin durch manch Jahrhundertweile.

Dem Rest fast ganz verblichner Scheidegluten
nach folgen nun die alten Mosaike
der langen Fenster; die farbfrohgemuten
Bildfolgen weisen Weg den Menschenfluten
(mit Poesie aus christlicher Antike),
die sich die Kirche zu erreichen sputen.

Im Innern unter schlichten Riesigbögen
Großmenge Zuhörer dann, klein, bedächtig –
zutiefst verschiedne Sterbliche, was mögen
sie wohl empfinden? Wenn so glänzend prächtig
gestufte Klänge ganz zu Herzen flögen!
Wenn feierliche Flammen übermächtig
in alle kleinmutvollen Seelen zögen!

Solisten, Chor, Orchester, hergebeten
zu wahrem Gottesdienst, in Ampelschimmer
und Kerzengold altarnah angetreten –
welch Weihnachtswelt! Gleich leuchtenden Kometen
zieht himmlische Musik vorüber, immer
noch schöner, bis zu jubelnden Trompeten.

Welch Weihnachtswelt! Und wie Trompetenstöße
durchbebt des fünften der Evangelisten
monumentale Kunst die Seele – flöße
sie Dankbarkeit und Ehrfurcht ein, im tristen
Zweckalltag einen Hauch ewiger Größe.

Jacqueline Barvencik

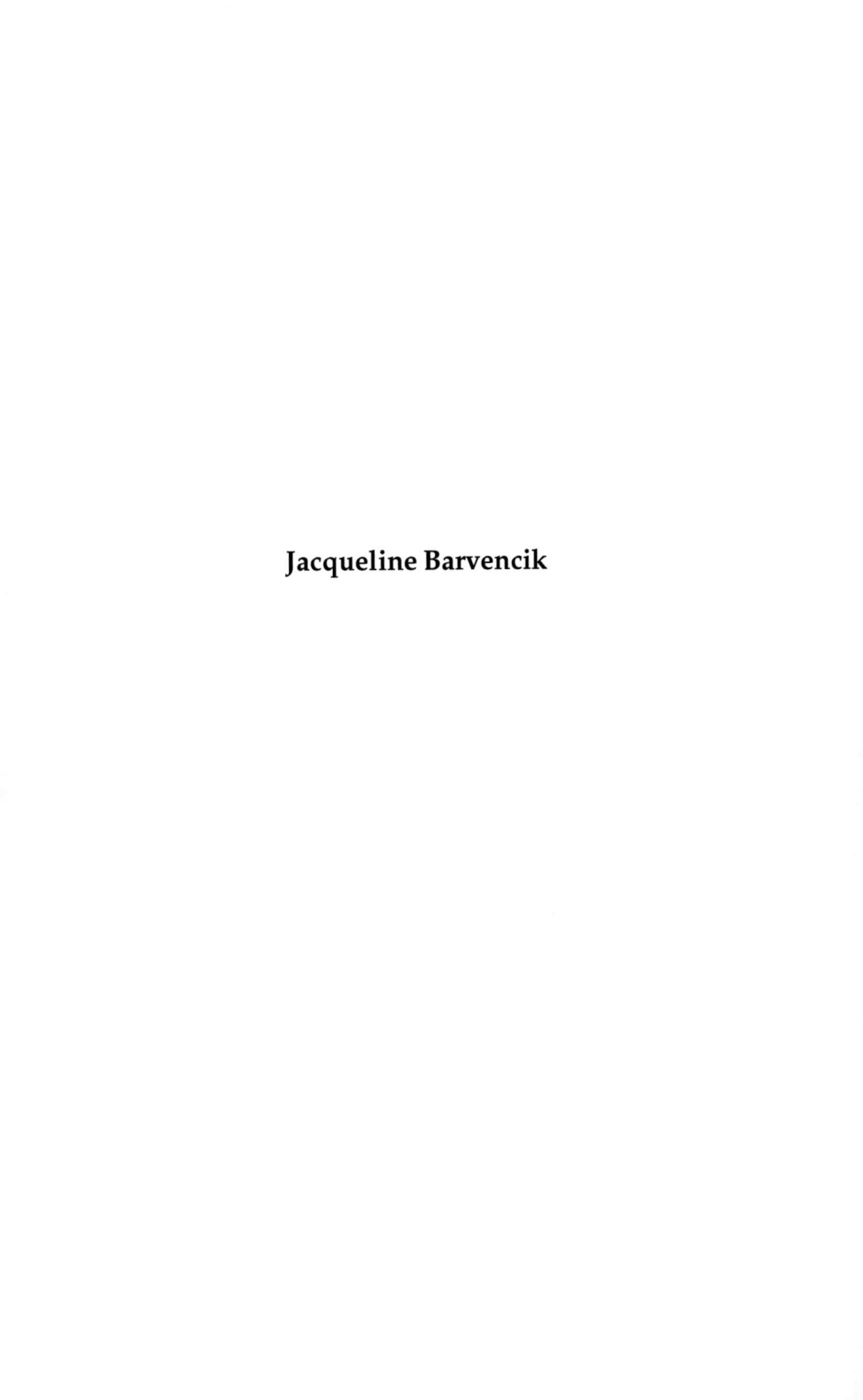

Die kleine wundersame Gestalt mit Flügeln

Von Zeit zu Zeit kommt mich ein kleiner Engel besuchen und fragt mich ganz wundersame Dinge. Aber hört selbst ...

An einem Abend vor gar nicht allzu langer Zeit, ich wollte mich gerade schlafen legen und noch ein paar Zeilen lesen, da sprach eine kleine Stimme zu mir: »Glaubst du an Engel?«

Ich erschrak, wo kam diese Stimme her. Ich sah in meinem Zimmer umher und erblickte eine kleine Gestalt mit Flügeln. Sie saß direkt auf meinem Bettpfosten und strahlte mich an. »Glaubst du an Engel?«, fragte sie mich erneut.

»Ich weiß es nicht so genau«, antwortete ich schnell und ein wenig verwirrt.

»Warum weißt du es nicht so genau?«

Mein Blick ruhte auf der wundersamen Gestalt mit Flügeln und ich überlegte: Warum weiß ich nicht, ob ich an Engel glaube?

»Hm, ich habe wohl noch nie darüber nachgedacht, ob es Engel gibt und ob ich an sie glaube.«

»Warum hast du noch nie darüber nachgedacht?« fragte die kleine Gestalt schnell zurück. Mir erschien diese Situation ein wenig merkwürdig. Warum sollte ich mich hier vor dieser kleinen Gestalt rechtfertigen und warum ist sie hier, wo kommt sie her und was will sie von mir?

»Warum fragst du mich solche Dinge, wo kommst du eigentlich her und was bist du für ein Wesen?«

Die kleine Gestalt blickte mich an.

»Ich möchte, dass du einmal darüber nachdenkst, ob es Engel gibt.« Und schon, als sie das letzte Wort ausgesprochen hatte, wurde ihre Gestalt immer blasser, bis sie plötzlich verschwunden war. Ich rieb mir die Augen, habe ich das gerade tatsächlich erlebt? Saß da gerade wirklich diese kleine Gestalt mit Flügeln auf meinem Bettpfosten und hat mit mir gesprochen und mich gefragt, ob ich an Engel glaube?

Wilde Träume von Rittern, Drachen und Engeln jagten mich durch diese Nacht. Am nächsten Morgen beschloss ich, die ganze Sache zu vergessen und nicht weiter darüber nachzudenken.

Zwei Tage später jedoch besuchte mich das kleine Wesen erneut. Ich saß gerade am Frühstückstisch und wollte genüsslich in mein Honigbrötchen beißen, da erschien es direkt auf einer Untertasse vor meinen Augen und grinste mich an.

»Du schon wieder, was willst du von mir?«, fragte ich etwas genervt.

»Hast du darüber nachgedacht, ob du an Engel glaubst?«, fragte es mich freudestrahlend.

»Nein, habe ich nicht, aber wenn du ein Engel bist, muss ich nun wohl glauben, dass es euch gibt. Oder aber ich bin verrückt geworden und sehe Dinge, die es gar nicht gibt, sondern meiner Phantasie entsprungen sind.«

»Glaubst du denn, dass ich ein Engel bin?«

»Seit dem Tag, als du mich das erste Mal besucht hast, weiß ich nicht mehr, was ich glauben soll. Das ist doch nicht normal, dass du hier einfach so auftauchst, mich angrinst und mit mir sprichst. Woher soll ich wissen, ob du ein Engel bist? Ich glaube langsam eher, dass ich verrückt werde und Dinge sehe, die es gar nicht gibt.«

»Also glaubst du nicht an Engel, sondern eher, dass du verrückt bist?«, fragte mich die kleine Gestalt und verschwand wieder in der Unendlichkeit.

Engel gibt es nicht, oder vielleicht doch, ich weiß es nicht. Ich überlegte kurz, ob ich vielleicht einen Arzt aufsuchen sollte, beschloss dann aber sogleich, diesen Gedanken zur Seite zu schieben und mich lieber meiner Arbeit zuzuwenden.

Ich hatte die kleine Gestalt schon fast vergessen, doch dann kam sie mich erneut besuchen. Ich hatte mir in der Zwischenzeit überlegt, dass ich ihr diesmal sagen würde, dass ich denke, dass sie ein Engel ist und ich nun an Engel glaube. Diese Lösung erschien mir zunächst die einfachste.

Sie tauchte diesmal direkt neben einer Kerze auf meinem Nachttisch auf und grinste mich wie immer an.

»Da bin ich wieder!«, sagte sie.

»Ja, das sehe ich«, grummelte ich in mich hinein. »Bevor du mich erneut mit deiner Frage nervst; ich glaube, dass du ein Engel bist und deswegen habe ich beschlossen, nun an euch zu glauben. Der Gedanke erschien mir einleuchtender als der, dass ich wohlmöglich verrückt sein könnte.«

Mir lief ein Schauer über den Rücken und die wundersame Gestalt tat nichts, außer mich anzugrinsen.

»So, so, du glaubst nun also an Engel, weil du denkst, dass ich ein Engel bin, ja?«

»Ja, und da wir das jetzt geklärt haben und ich deine Frage beantwortet habe, kannst du ja nun gehen.«

»Bevor ich gehe, habe ich noch eine Frage an dich«, sagte sie grinsend. »Warum denkst du, dass ich zu dir gekommen bin?«

»Das weiß ich nicht und ich möchte auch nicht darüber nachdenken. Ich will meine Ruhe und dass du verschwindest.«

»Warum denkst du, dass ich zu dir gekommen bin?«, fragte die kleine Gestalt erneut und verschwand. Hat das denn nie ein Ende, dachte ich und war froh, dass sie für diesen Moment verschwunden war. Das kleine Wesen würde wiederkommen, dessen war ich mir nun sicher. Aber warum kommt es zu mir?

Einige Tage später war es dann wieder so weit. Das kleine wundersame Wesen kam erneut zu mir und stellte seine Fragen: »Weißt du inzwischen, warum ich zu dir komme, mich mit dir unterhalte und dir meine Fragen stelle?«

»Nein, das weiß ich nicht, aber vielleicht verrätst du es mir ja eines Tages und der ganze Spuk hätte dann ein Ende.«

»Was habe ich mit meinen Fragen bei dir bewirkt?«, fragte die Gestalt.

»Ich habe darüber nachgedacht, ob es Engel gibt, und auch darüber, ob ich an Engel glaube. Aber ich weiß es nicht genau und auch nicht, ob du ein Engel bist und warum du mich immer wieder besuchst.«

»Ich bin ein Engel, wenn du denkst, dass ich einer bin«, bekam ich zur Antwort.

»Das verstehe ich nicht, du musst doch wissen, ob du ein Engel bist und es nicht davon abhängig machen, ob ich an Engel glaube.«

»Weißt du, wir wundersame Gestalten leben von euren Gedanken, Träumen und von eurem Glauben und wenn es keine Menschen mehr gibt, die an uns glauben, dann wird es uns über kurz oder lang auch nicht mehr geben.« Die Gestalt grinste nun nicht mehr, sondern sah sehr traurig aus und bevor ich etwas antworten konnte, war sie auch schon wieder verschwunden. Dass sie immer wieder diese Verwirrung bei mir zurückließ, verstand ich nicht. Wieso gibt es Gestalten wie sie nur, wenn wir Menschen daran glauben, dass es sie gibt? Gibt es sie dann eigentlich in Wirklichkeit gar nicht, sondern nur in unseren Gedanken und Träumen?

Schon seit dem ersten Besuch dachte ich viel mehr darüber nach, an was ich eigentlich glauben sollte. Und ob es Dinge gibt, die nur in unseren Träumen und Gedanken zu Hause sind und nur dadurch eine Gestalt annehmen, indem wir an sie glauben.

»Du hast viel an mich gedacht in letzter Zeit«, sprach eine Stimme zu mir. Ich erkannte sie sofort. Es war die Stimme der kleinen wundersamen Gestalt, aber sie war nirgends zu sehen.

»Wo bist du?«, fragte ich in die Leere.

»Du kannst mich nicht sehen, aber ich bin trotzdem da, in deinen Gedanken und Träumen, wenn du es wünscht. Ich werde jetzt nur noch zu dir kommen, wenn du an mich denkst oder von mir träumst. Du wirst mich nicht mehr sehen können, aber dennoch wissen, dass ich dir ganz nah bin.«

»Du bist komisch und ich werde dich wahrscheinlich nie verstehen. Aber ich bin froh, dass es dich gibt, dass du zu mir gekommen bist und mich wachgerüttelt hast. Ich weiß jetzt, wie wertvoll Träume und Gedanken sein können und dass es wichtig ist, sie zu leben. Auch wenn ich dich nicht mehr sehen kann, ich habe dein Bild tief in mir eingeschlossen und werde dich nie vergessen. Ich werde dich in meinen Träumen und Gedanken besuchen.«

Renate Eckert

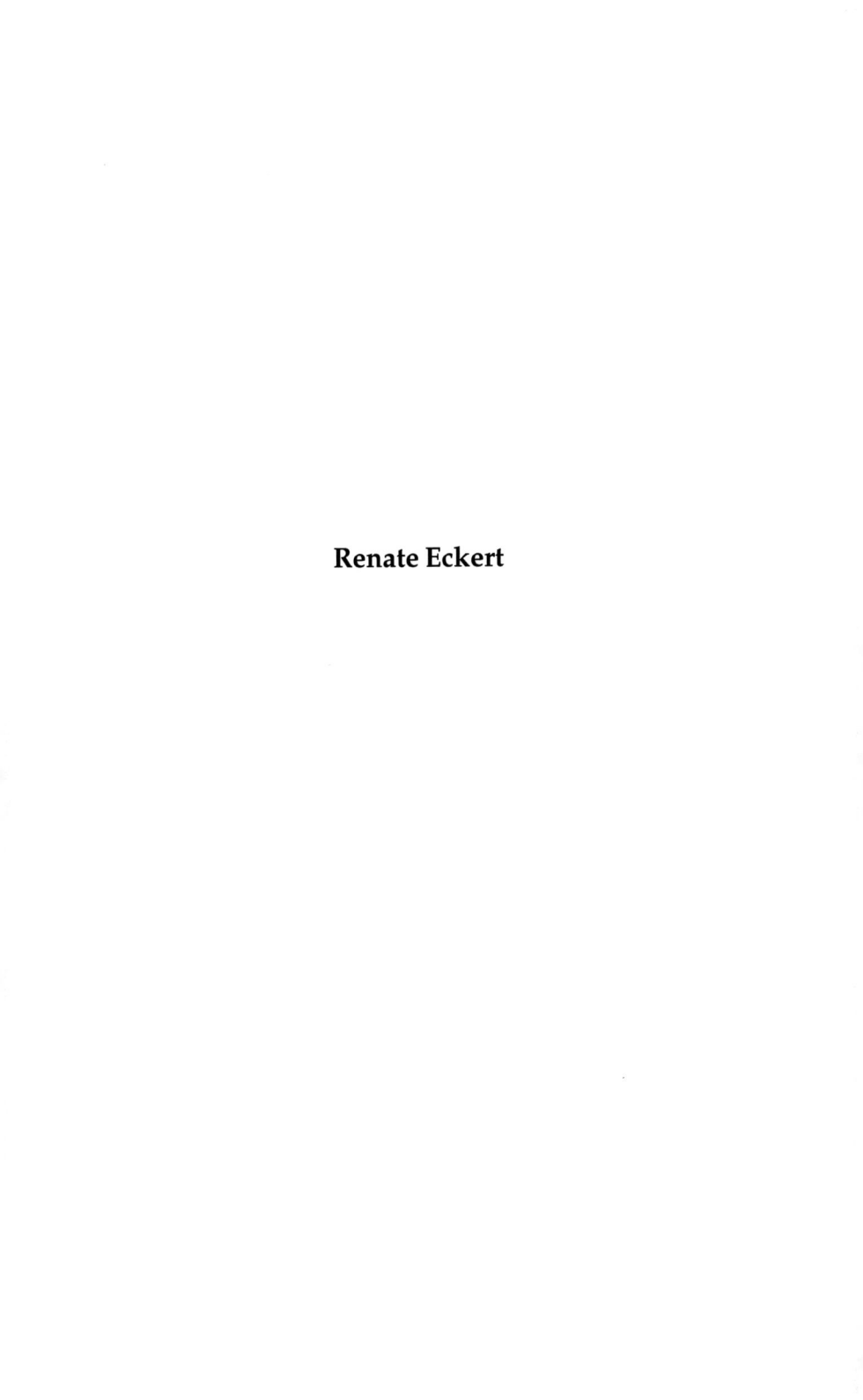

Papa bringt die Weihnachtsbescherung

War das früher noch einfach, ein Kind zu sein: man hatte Eltern, die zusammen wohnten, eigene Geschwister und manchmal sogar noch Großeltern, die ganz in der Nähe waren. Weihnachten wurde feierlich zusammen verbracht.

Heute wohnen die Eltern an verschiedenen Orten, man lebt entweder bei Mama oder bei Papa, hat Stiefgeschwister und die Großeltern leben 600 Kilometer weit entfernt. Weihnachten verläuft deshalb oft etwas komplizierter als früher. So wie bei uns, zum Beispiel.

Mein Exmann Peter kommt an Heiligabend ganz kurz vorbei (er muss ja gleich mit seiner neuen Freundin und deren Kinder noch richtig Heiligabend feiern) und bringt seiner Tochter die Geschenke.

Anna freut sich natürlich riesig, während ich wieder mal einen Kloß im Hals habe, der zwar jedes Jahr etwas kleiner wird, aber trotzdem – weg geht er wohl nie.

Das hängt auch damit zusammen, dass jedes Jahr irgendetwas Blödes passiert, was bei mir langsam zu so einer Art Aberglauben geführt hat: Weihnachten ist, Peter kommt und es passiert etwas. Ja, genauso entsteht Aberglaube.

Also, gleich wird es klingeln. Peter ist nämlich superpünktlich. Schnell lass ich noch mal einen Kontrollblick durchs Wohnzimmer schweifen, weil er es immer noch fertig bringt, über Unordnung, so wie er sie versteht, zu meckern und ich immer noch sofort das Gefühl bekomme, ich wäre als Hausfrau eine Versagerin.

Jetzt klingelt es tatsächlich und Anna rennt jubelnd zur Türe. Papa steht da mit einem Arm voller Geschenke und strahlt.

Das Begrüßungsküsschen bringt den Geschenkeberg etwas ins Wanken, aber sie schaffen es, ihn direkt unter den Weihnachtsbaum fallen zu lassen.

Anna fängt sofort an auszupacken, während ich mit einem: »Hallo! Alles im grünen Bereich?«, begrüßt werde.

Innerhalb kürzester Zeit sitzt Anna inmitten eines riesigen Berges Geschenkpapier, während Cleo, unser vier Monate altes Kätzchen, mutig mit meterlangen Geschenkbändern kämpft. »Blöde Katze!«, schreit Anna. Worauf sich Cleo niedergeschlagen verzieht, aber nach zwei Minuten wieder ganz vorsichtig anschleicht und dann, mit Anlauf, mitten in den raschelnden Haufen rast.

Peter hat inzwischen etwas entdeckt: »He, die Wanduhr hängt ja ganz schief!«

O je, diese alte Pendeluhr (frühes 20. Jahrhundert) hing noch nie so richtig gerade.

Aber Peter richtet es schon. Er stürzt zur Uhr und rückt sie energisch ins Lot.

Da rutscht der eine Nagel aus der Wand.

»Scheiße, gib mir schnell einen Hammer!«, ruft er.

Ich renne, um den Hammer zu holen. Dann – ein kräftiger Schlag, der Nagel ist krumm und ein, ich würde in Anbetracht der weihnachtlichen Stimmung sagen, zimtsterngroßes Stück Verputz fällt bröckelig auf den Boden. Das riesige Loch grinst hämisch aus der Wand. Die Uhr hängt an nur einem Nagel, der sich jetzt langsam, aber sicher immer mehr nach unten neigt und allmählich aus der Wand verabschiedet.

Peter überlegt einen Moment, nimmt dann entschlossen die Uhr noch ganz von der Wand und stellt sie auf den Boden.

»Sorry«, sagt er, »ist Scheiße gelaufen. Aber du kriegst das schon wieder hin, gell?«

Cleo hat sich inzwischen zur Krippe geschlichen, wo sie das Jesuskind mit einem äußerst präzisen Prankenschlag aus der Krippe, quer durchs Wohnzimmer, unters Sofa befördert.

Anna sitzt zwar glücklich, aber seltsam ruhig zwischen ihren Geschenken. Neben ihr liegt eine nahezu leere Tüte Colafröschchen und ein Schokoladenweihnachtsmann, von dem nur noch das Papier und die Stiefel übrig sind.

»Mama«, sagt sie, »mir ist ganz komisch im Bauch.«

Ich pflücke Cleo aus dem Christbaum, wo sie sich bis ins obere Drittel vorgearbeitet hat und nun verzweifelt miauend an einem sehr dünnen Ästchen festgekrallt hängt.

»Also, ihr zwei«, sagt Peter munter, »dann geh ich mal wieder«, und gibt einen herzhaften Kuss auf die bleiche Anna. Fröhlich pfeifend geht er zum Ausgang: »Macht's gut ihr beiden!«

Weg ist er.

Ich schließe die Türe hinter ihm.

Im Wohnzimmer höre ich das Geräusch, das entsteht, wenn ein Kind in einen Haufen Geschenkpapier kotzt.

Tja, eine schöne Bescherung.

Wie jedes Jahr!

Weihnachten – das Fest der Freude

Ursula, 45 Jahre alt, nach 18-jähriger Ehe eben verlassen worden, zündet am Christbaum beim Klang von »Stille Nacht« die Kerzen an. Die Flammen sieht sie allerdings ziemlich verschwommen und sie hasst sich für diese Tränen.

Das erste Weihnachtfest, das sie wirklich ganz alleine verbringen muss, weil ihr Sohn Markus seine verzweifelte und traurige Mutter nicht an Weihnachten auch noch ertragen wollte und deshalb lieber mit der Familie seiner Freundin feiert.

Gestern fand sie das gar nicht so schlimm. Weihnachten, meinte Ursula, sollte für eine Atheistin wie sie eigentlich nichts Besonderes sein und sentimental war sie normalerweise ja auch nicht.

Aber jetzt war Heilig Abend und da sahen ihre Gefühle schon ganz anders aus.

Sie hätte sich dafür am liebsten selber in den Hintern getreten.

»Diese Weihnachtsmusik macht mich ganz fertig. – So, jetzt reichts!« sagte sie energisch zu Lady, ihrer schönen Langhaarkatze mit den meergrünen Augen. »Ich gehe mir selbst auf den Keks. Jetzt trinke ich einen Schluck Whisky, dann kommt die gute Laune schon noch.«

Also, gesagt, getan. Der Tag geht, Johnny Walker kommt.

Ursula holt sich ein Bierglas und gießt sich großzügig ein. Beim ersten Schluck schüttelt es sie. »Bäh, das ist ja brühwarm. Da müssen Eiswürfel rein«, sagt sie sich und nimmt noch mal einen kräftigen Schluck.

Also – in die Küche, Eiswürfelfach aufmachen und ...

»Mist, verdammter! Aua, aua!«, schreit Ursula empört.

Eine Packung steinhart gefrorener Fischstäbchen, gefolgt von einer Zweiliterpackung Eiscreme (Apfel/Zimt), sowie der Eiswürfelbehälter knallen ihr mit voller Wucht auf die Füße.

Lady springt vor Schreck mit allen vier Pfoten gleichzeitig in die Luft.

Leise vor sich hin schimpfend sammelt Ursula das Zeug auf und drückt alles außer dem Eiswürfelbehälter kraftvoll ins überfüllte Eisfach zurück und schließt die Tür blitzschnell.

»So, überlistet. Alles drin geblieben«, sagt sie zufrieden.

Das Glas Whisky on the rocks in der einen, den Behälter mit den restlichen Eiswürfeln in der anderen Hand, beschleicht sie ein grauenvoller Gedanke: »Oh nein! Jetzt muss ich das Eisfach ja wieder aufmachen.« Ratlos steht sie einen Moment da. Dann beschließt sie, dass sie dieses Risiko heute nicht mehr eingehen wird.

Wer braucht schon Eiswürfel. Die verwässern den Whisky doch total.

Und wer will schon verwässerten Whisky? Ursula sicher nicht.

»It's hard to be a hard (wo)man like me«, singt sie herzhaft, aber ziemlich falsch.

Komisch, das Glas ist ja schon fast leer. Sie schüttelt verwirrt den Kopf. Na, macht nichts. In der Flasche hat's ja noch.

Sie fläzt sich so richtig gemütlich in ihren Lieblingssessel und prostet Lady und dem Christbaum mit den eben verlöschenden Kerzen zu.

»Dieses Weihnachtsgedudel geht mir auf den Keks«, murrt sie und schiebt die Weihnachts-CDs energisch beiseite.

Pink Floyd muss her, die Lieblingsband ihrer Jugendtage.

»Wish you were here« war damals ihr Lieblingslied als Frischverliebte gewesen.

Einen kurzen, benebelten Moment hat sie den Impuls, ihren untreuen Mann anzurufen und ihm so richtig zu sagen, was für ein fieses …

»Nein«, meldet sich gerade noch rechtzeitig die Stimme der Vernunft. »Das tust du jetzt sicher nicht!«

»Ein Joint wäre jetzt gar nicht schlecht«, fallen ihr ihre Jugendsünden und deren angenehme Nebenwirkungen wieder ein. Ob sie mal in Markus' Zimmer schauen soll? Der hat doch bestimmt irgendwo ein bisschen Hasch versteckt. Etwas mühsam klettert sie aus ihrem Sessel und geht vorsichtig die Wand entlang zum Zimmer ihres Sohnes.

Als sie die Bettschublade aufmacht, findet sie ein paar Sexheftchen und eine Packung Kondome. »Mein Kleiner!?«, denkt sie.

Ursula ist ein bisschen verwirrt und weiß auch gar nicht mehr, warum sie jetzt eigentlich in diesem Zimmer ist.

Also zurück ins Wohnzimmer. Pink Floyd ist inzwischen durchgelaufen und sie legt Santana auf: »Samba pa ti«

Ursula dreht den Ton etwas lauter und freut sich über ihre superguten Lautsprecher.

Der Sound und der ungewohnte Whisky dröhnen ihr den Kopf zu.

Die Gegenwart ist vergessen.

Heute ist gestern.

Die Welt ist Klang und Rausch.

Um Mitternacht kommt Markus nach Hause.

»Mama, spinnst du eigentlich?«, fragt er mit dieser besonderen

Empörung, die junge Menschen gerne gegenüber älteren Leuten, die sich ungehörig benehmen, aufbringen.

»Ja«, sagt Ursula mit verklärtem, aber stark angeheitertem Lächeln. Sie fischt ein Alka Seltzer aus ihrer Medikamentenschublade, sucht ihr Bett und als es vorbeikommt, lässt sie sich erleichtert und sehr, sehr müde hineinplumpsen.

Lady kann ihr Leben gerade noch mit einem olympiareifen Sprung auf den Nachttisch retten.

Am nächsten Tag hat Ursula das dringende Bedürfnis, an der kalten klaren Winterluft spazieren zu gehen.

Auf der Treppe begegnet sie ihrer Vermieterin.

Mit zuckersüßem Lächeln schleimt Frau Lenz:»Gell, gestern Abend war Ihr Sohn alleine zu Hause?«

Ursula stutzt und weiß einen Moment gar nicht, was los ist.

Doch dann dämmert es ihr.

»Wissen Sie, nicht dass ich etwas sagen will. Es geht mich ja nichts an. Aber Markus hat bis Mitternacht so grässliche moderne Musik gehört und das sehr laut. Ausgerechnet an Weihnachten!«, sagt Frau Lenz in diesem überfreundlichen, superhohen, falschen Tonfall, den Ursula so an ihr liebt.

»Oh«, sagt Ursula kalt lächelnd, »so sind sie halt, die jungen Leute. Entschuldigen Sie bitte, ich werde ein ernstes Wörtchen mit ihm reden.«

»Wissen Sie, ich hätte ja nichts gesagt, aber Sie müssen doch wissen, was der Junge treibt, wenn Sie nicht da sind und da habe ich halt gedacht ...«

»Das finde ich ganz reizend von Ihnen. Schöne Weihnachten noch, Frau Lenz.«

Frau Lenz winkt ihr freundlich zu.»Schöne Weihnachten.«

Inge-Christa Engler

Der Wunderbaum

Da zittert doch ein Tannenbaum, er rüttelt sich und schüttelt sich, man glaubt es kaum. Die vier Tannen, die neben ihm stehn, meinen: »Du bist krank, nicht mehr gesund – Bursche, hab Achtung!« Aber warum soll ich denn aufpassen? Er kann gar nicht mehr weiterreden, so sehr muss der Arme beben ...

Von ferne hört man Schritte ... es sind Menschen ... sie kommen immer näher, oh weija! Die größte Tanne flüstert »Pssst! Verhaltet euch ganz ruhig, vielleicht sehen sie uns dann nicht!« Eine andere fängt an zu lachen: »Du meinst doch hören und mit deinen Tannennadeln kannst du sehen?« – »Sei du vorwitzige Madam bloß still, es sei denn, dass du willst, dass die Menschen uns finden sollen? Aber damit du es nur weißt, das heißt nichts Gutes! Ha-ha-ha-ha! Der Schönste bist du grad nicht, oh, oh, dagegen ich?« Auf einmal sind sie ganz *nah!* »Ein Kind, ein Kind ... wie lieb es ausschaut, ich möchte von ihm mitgenommen werden ... es wäre mein Wunsch! Ich liebe Kinder ... es piepst in der Stimme so zart, auf eine sehr hübsche, ganz besondere Art.« Weiter kamen wir nicht, denn sie standen vor uns – es waren fünf, und wir fünf Bäumchen – unsere Kranke kippte schon mal vor Angst und Kälte alleine um – und trotzdem ein bisschen neugierig waren auch wir, wir vier, obwohl, huch, ... es kitzelte mich – dieses Menschenkind, ein Mädchen ... oh! Herrlich, wo kleine Süße eben mal so toll entzückend sind! Nun bebte auch ich ... aber umkippen werde ich nie, nein! Nein! Es gehörte sich nicht, ich bin ein starker Tannenwicht.

Der Vater ... aber welcher? Es waren nämlich drei davon, eine Frau und dann das Kindelein so fein! »Annabell, zappele doch nicht so herum, auch wenn du auf diesen zeigst, es ist noch lange nicht so weit. Ein Weihnachtsbaum muss gut ausgewählt werden, sonst verliert er in der Wohnung zu viel Tannennadeln.« Aha! Jetzt sah ich den Papa, ein netter Herr, er hatte ja sooo recht, denn Annabell hatte meinen Kumpel neben mir ausgesucht.

Frechheit, ich bin der tollste Weihnachtsbaum, den es überhaupt geben kann … und ich möchte sehr gern in einer guten Stube stehen … leuchten, strahlen … glänzen ... und, und … Wow! Nun kommt es: »Oh Papi, den will ich!« (Oh, sie meinte mich? Herrlich!) Es war wie Weihnachtsmusik in meinen Ohren, das kann ich euch sagen … Nun zitterte ich aber heftig, vielleicht wusste mein umgekippter Kumpel vorhin schon, wie schön Aufregung ist … wo war er nur abgeblieben, dieser Arme … oh weh! Sie trampelten auf ihm herum, im Dunkeln konnte man leider nicht sehen, dass er eigentlich noch ganz frisch war! Er tat mir mächtig leid!
    Doch ich war voller Freud!

Man nahm mich mit, huckepack, wie ein Weihnachtsmann die Geschenke trägt. Annabell hüpfte um mich herum, der Vater meinte dann: »Annabell, es wird mir bald zu dumm … denn ich wäre fast schon gestolpert, also lass das!« – »Aber liebster Papi, ich freue mich doch nur, weißt du eigentlich, was ich mir dieses Jahr gewünscht habe? Möchtest du es schon ein bisschen vorher wissen? Ich könnte es leise in dein Öhrchen flüstern?« (Oh! Ich Bäumchen … wollte es allzu gerne hören …) Wer tut mich denn da stören? Eichhörnchen, Häschen, die alte Eule heulten: »Kumpel, oh! Wo gehst du nur hin? Schrecklich … du armer Wicht! Warum hast du dich nicht gewehrt? Uns es nicht vorher erklärt?« – »Ach! Ihr seid so was von dumm, ich werde die Weihnachtstage erleben … wie ihr es euch in den allerschönsten Träumen nicht vorstellen könnt! Wir feiern das große Christfest … das man im Leben nie mehr vergisst, dass ihr es nur wisst! Dieses kleine Mädchen träumt auch von einem Märchen. Auf Wiedersehen! O.k.? Gebt es weiter, grüßt meine Freunde!«
    Und da sagte gerade Annabells Papa: »Nun weiß ich es aber … Ein neues Fahrrad!« – »Ha-ha-ha-ha! Aber nicht doch, Vater! Es ist etwas rein Persönliches!« – »Eine Puppe … stimmt es?« Nun konnte sie es nicht mehr für sich behalten: »Eine Familie, eine richtige Familie! … Und meine neue und alte Mama, Papa!«, leuchteten Annabells Augen. … ob es denn klappt? »Der Micky

passt doch gar nicht zu Mutter, gebe es doch ehrlich zu ...?« Der Vater von Annabell schaute traurig drein: »Schätzchen, muss es dieser Wunsch denn sein? Es gibt doch sooo viele ...?« (Ich war als Tanne gespannt, leider hab ich ihre Mutter nie gekannt!) Vor Aufregung habe ich den Vati ordentlich gepiekst, meine Nadeln haben sich alle emporgestellt, hei! Was kostet diese Welt?

Es wurde *ganz* still im Wald, auch die anderen sagten nichts, ich nämlich auch nichts, es war sehr, sehr traurig, ein kleines Kind wünschte sich seine Mama wieder, es war trotzdem herrlich! Und gefährlich! Wie wollte der Weihnachtsmann dem Kinde die geliebte Mutter wiederbringen? Wird es je gelingen? Und wie traurig musste dann dieses Mädchen sein? Oh! Es wäre total gemein! ... Für Annabell würde ich schon ein paar Nadeln verlieren wollen, wenn es nur klappte!

Man brachte mich in einen hübsch eingerichteten hellen Raum, da saßen zig Puppen, man glaubte es kaum.

Mir wurde eine Art von Eisenfuß untergestellt. Aha!, dachte ich, damit ich als schönster Christbaum auch kräftig steh und nie umfalle? Das wäre schon eine miese Falle!

Dann ging Annabell schlafen, sie ist dann sicher gleich bei den Schafen, denn Sandmännchen wird kommen mit seinem Kies ... streut es in die Äugelein ... träumt von mir, vom Bäumelein, schlaf selig und süß, Annabell ... morgen wirst du mich im Glanze sehn! Denn ich werde geschmückt, und da höre ich, ihr Papi steht am Telefon, bekommt kaum raus nicht einen Ton, er krächzt leise in das komische Ding hinein: »Komm zurück, lass uns alles vergessen, unser Kind braucht uns! Bitte lass uns nie mehr allein!« Er legt auf, weint, ich hab noch nie einen sooo starken Mann gesehen, denke auch, da muss was geschehen?

Ach, was ist doch Menschenliebe schön!
Und andern Tag, ich erstrahlte im Glanz.
Man veranstalte um mich den herrlichsten Tanz.
Denn Annabells Mami war mit dabei,
aus zwei wurden wieder drei,
aber es zählt auch meine Wenigkeit, oder?

Inge-Christa Engler

Mein Weihnachtstraum

An meinem Weihnachtsbaum,
Da hängt mein Traum.
Nicht allerlei dumme Dinge.
An meinem Baum hängen Schmetterlinge.
Sie sagen mir: »Wir kommen nächstes Jahr wieder,
Sitzen dann gern in deinem duftenden Flieder.«
Wie schön ist beides anzuschaun,
Im Flieder und im Weihnachtsbaum.
Also Christkind geb gut acht,
Schmetterlinge gibt's auch zur Weihnacht!

Brigitte Gerland

Advent

Während die erste Adventskerze brennt
Und uns vom Christfest nur kurze Zeit trennt,
Wird schon geplant, gebastelt, gebacken,
Sitzt uns die Eile empfindlich im Nacken.

Eile war damals auch höchstes Gebot,
Als die Familie des Josefs in Not.
Aber wie meistens im irdischen Leben
Hat es am End' eine Lösung gegeben:
War auch der Stall nur ein ärmlicher Ort,
Pflanzte erstaunlich die Kunde sich fort,
Klinget noch heute und lässt uns beschenken
Kinder und Große, auch dankbar bedenken,
Dass ohne Jesus in unserer Welt
Einiges wäre wohl übler bestellt.
Beispielhaft hat sich Maria benommen,
Als sie im Stall plötzlich niedergekommen! –

Vor sich zu stellen die Situation,
Bringt zum Verstummen manch vorlauten Ton,
Gänzlich zu schweigen von späteren Tagen. –
Ach, wie viel Leid hat Maria ertragen!

So zu erinnern, das macht uns bereit,
innig zu schaffen gesegnete Zeit.
Fröhlich beschließen wir, ohne zu hetzen,
Steinchen um Steinchen zusammenzusetzen.
Wenn gar am Heiligen Abend was fehlt,
Ist das gewiss nicht das Ende der Welt!
Dies aber wünschen wir herzlich wohl allen:
Frieden, Gesundheit und Gottes Gefallen!

Glockenklang

Sei eine Glocke groß oder klein,
Ob sie verziert ist oder ganz glatt,
Es ist ihr Klang, der wirklich allein
Kommt uns zu Ohren in Dörfern und Stadt.

Heut' ist es so, dass der Glockenklang
Nichts mehr bedeutet für das Profane,
Nachrichten rasen die Erde entlang
Über die Länder und Ozeane.

Aber die eine, die Botschaft, sie muss
Jeder der Glocken gelingen: Möge sie
Frieden und niemals Verdruss
In unser Leben uns bringen!

Das uns zu wünschen, bleibt wieder uns allen
Für dieses Weihnachten, fürs neue Jahr,
Glück und auch Gottes Wohlgefallen –
So ein Geschenk wäre wunderbar!

Der liebe Esel

Was Legenden und Geschichten
Uns vom Jesuskind berichten,
Der Geburt in Bethlehem
Dort im Stall so unbequem,
Von den Engeln, ihrem Preisen,
Lässt sich leider nicht beweisen.

Wenn uns manche Zweifel plagen,
Müssen wir uns aber sagen:
Sicher ist es jedenfalls,
Dass im Inneren des Stalls
Neben menschlichen Gestalten
Sich ein Esel aufgehalten.

Ruhe hätt' er gern gehabt,
Sich am Futtertrog gelabt –
Nach dem harten Tag zuletzt
Fand die Krippe er besetzt,
Fremd erschien ihm das Vertraute
Rundherum, wohin er schaute!

Dieser Esel, der genug
Schwere Lasten täglich trug
Und geduldig jederzeit
Für die Menschen war bereit,
Er hat unsre Sympathie,
Weil die Krippe er verlieh.

Auf des Jesuskindes Wegen
Waren Esel stets zugegen:
Auf der Flucht ins ferne Land
Durch Ägyptens Wüstensand.
Am Palmsonntag dann als Mann
Kam er auf dem Esel an.

Klug ist jedes Eseltier,
Eine Freude dir und mir,
Störrisch ist er meistens nicht,
Stets bereit für den Verzicht
Und sein grässliches Getön
Klingt zuweilen richtig schön.

Esel gibt's bei uns nicht oft.
Trefft ihr einen unverhofft,
Könnt ihr sehen, ob sein Ahn
Kreuzte einst des Christkinds Bahn.
Stimmt das, wackelt links sein Ohr –
Oder kommt's uns nur so vor?

Christrosen

Es knospen Blumen, still verborgen
In Nebel, karger Sonne, Wind,
Dezemberliches hat zu sorgen,
Dass sie zur Weihnacht Rosen sind.

Dann scheint's, als wollten sie uns sagen
Gleich Sternen aus dem Erdengrund,
Dass vor unendlich vielen Tagen
Ein Engel tat ein Wunder kund.

Dies' Wunder möge bei uns bleiben
In guter wie in böser Zeit,
Ach, könnt es immer Blüten treiben
Wohl über alle Welten weit!

Weihnachten bleibt ewig jung

Sicher ist das Älterwerden
uns und jedem Ding auf Erden.
Weihnachten bleibt ewig jung,
jedes Jahr bringt's wieder Schwung
in die ausgefahr'nen Gleise
unsrer Alltagslebensweise,
reißt uns raus aus müdem Trott,
macht in dunkler Zeit uns flott.
Freuen wir uns drum von Herzen
an Musik und Lichterkerzen
mit den Menschen, die uns nah:
Weihnachten ist dazu da!

Das Gute und die Liebe

Wenn Freundlichkeit und Liebe regieren in der Welt,
wär's auf der weiten Erde nicht schlecht um uns bestellt.
Für Kriege und Verderben, Gemeinheit, Niedertracht,
da gäb' es keine Chance, nur Gutes hätte Macht. –
Das Gute woll'n wir suchen – wir finden's überall,
dem Nächsten weitergeben, wie's damals dort im Stall
zu Bethlehem geschehen: Das Gute kam ans Licht,
Vertrauen, Friede, Glauben, des Lebens neue Sicht.

Zu schön wär's, wenn wir immer erkennen, wo und wann
mit Rat und Tat und Liebe geholfen werden kann!

Weihnachtsgrüße

Glück und Kinderlachen geben uns Geleit
Und zu neuem Hoffen sind wir drum bereit.
Alle trüben Stunden im vergang'nen Jahr
Nehmen unsre Sinne Weihnachten nicht wahr.
Lasst uns dorthin denken, wo der Frieden fehlt,
Mög' Vernunft und Einsicht gehen um die Welt!
Wünschen wir für jeden Glauben unverzagt
An die frohe Botschaft, die die Bibel sagt.
Glück und Kinderlachen unterm hellen Stern,
Liebe Weihnachtsgrüße allen nah und fern!

Engel? Gibt es sie?

Ja – sollte es eigentlich Engel geben?
Das fragen wir oft uns in unserem Leben,
Denn niemand bis heute hat sie mal gesehn,
So rätseln wir weiter an dem Phänomen.
Ganz sicher ist eines, man kennt ihre Werke
Und ihre fast alles erreichende Stärke!
Und oft haben wir das ganz sich're Gefühl,
Dass *sie* uns beschützen im Alltagsgewühl.
Drum lasst uns auch weiter den Engeln vertrauen
Und auf ihre freundliche Hilfe stets bauen. –
Wenn dann sie nach zahlreichen tätigen Jahren,
In denen sie uns bewahrt vor Gefahren,
Am End unsres Lebens treten zurück,
Sind dankbar wir ihnen für häufiges Glück!

Neujahrswünsche

Zeit zu haben, nachzudenken,
sich und andern Freude schenken,
stets das Glück beim Schopfe fassen,
sich nicht unterkriegen lassen,
Schönes frohen Sinns genießen,
keinen Tag sich zu vermiesen,
neues Unbekanntes wagen,
manchmal Schlimmes zu ertragen,
freuen über Kleinigkeiten,
nehmen die Gegebenheiten
dieses Jahres hin im Schauen
auf das neue voll Vertrauen –
so viel wünschen wir uns allen,
dazu Gottes Wohlgefallen!

Hoffnung

Wir sind nur kurz auf Erden zu Besuch,
Dann klappt es zu, des Lebens Gästebuch.
Was wir hineingeschrieben während unsrer Zeit:
Vielleicht steht's da für alle Ewigkeit?
Die Ewigkeit, die immer wieder Fragen stellt,
Uns Hoffnung gibt und unser Sein erhellt.
Lasst uns versuchen zu verstehen
Und froh das Christenfest begehen!

Ernst-Ulrich Hahmann

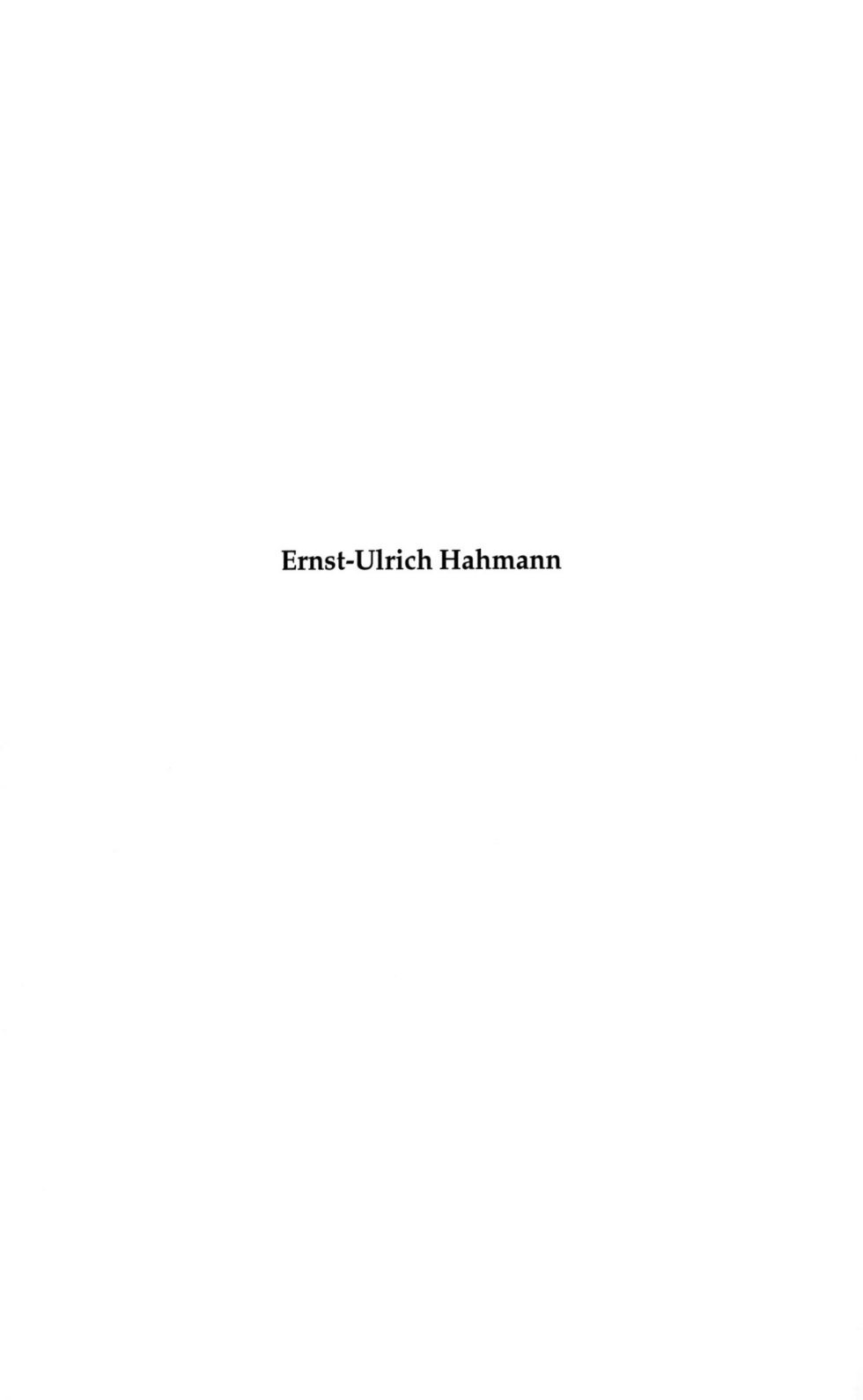

Der Weihnachtsstern!

Noch vor Tagen hing kraftlos die goldene Scheibe der Sonne am eisig blauen Winterhimmel. Plötzlich zogen dicke, fette Schneewolken auf. Es begann zu schneien. Erst fielen vereinzelt große Flocken, dann wurde der Schneefall dichter und dichter.

Im Nu waren Wald und Flur in ein weißes Kleid gehüllt. Selbst die roten Ziegeldächer der Häuser des kleinen Ortes bekamen putzige weiße Mützen aufgesetzt.

»Pff!« machte der Wind und blies rasch im Vorbeiwehen dem einen und anderen Beerenstrauch im Garten ein bisschen von seinem Schmuck herunter, sodass kleine weiße Schneewölkchen in die Höhe flogen. Und der große Tannenbaum, dort vor dem Haus, hatte an der Schneelast auf seinen Zweigen mächtig zu tragen.

Schwach schimmerte die milchig weiße Scheibe der Sonne durch die dunstige Winterluft. Sie war nicht allzu hoch an dem Himmel hinaufgestiegen, denn sie wollte ja rechtzeitig wieder unten sein, zur heiligen Christnacht.

Endlich, es war mittlerweile Mittagszeit, verzog sich der Dunst und freundlich blickte der blaue Himmel hervor. Aus den warmen Stuben lockte er die Buben und Mädels hinaus in die kalte Winterpracht. So weiß und rein, so zart und glänzend lag der Schnee da, dass den Kindern die größte Lust ankam, in ihm herumzutoben. Übermütig stapften sie durch die tiefsten Wehen und bewarfen sich mit Schneebällen. Vor Vergnügen und Kälte bekamen sie frische rote Wangen und fast ebenso rote Hände.

Das Fenster eines Hauses, in dessen Scheiben sich die funkelnden Strahlen der Wintersonne spiegelten, wurde geöffnet, eine junge Frau schaute heraus und beobachtete mit zufriedener Miene die herumtollenden Kinder, bis sie schließlich rief: »Hansi …! Heidi …!«

»Ja, was ist?«, antworteten zwei der Sprösslinge wie aus einem Munde, Zwillinge waren es.

»Kommt rein, Großmutter müsst ihr noch besuchen! Bevor es dunkel ist, will ich euch wieder zu Hause sehen!«

»Ja, Mutti, wir kommen sofort!«, riefen die beiden erfreut.

Übermütig stürmten der Bube und das Mädchen ins Haus. Geschwind hatten sie den Schnee von der Kleidung gestiebt, rasch wärmende Jacken angezogen, Bommelmützen aufgesetzt und ihre Hände in wärmende Fellhandschuhe gesteckt.

Mit den Worten: »Hier habt ihr Großmutters Weihnachtsstollen. Ich habe auch noch Äpfel, Pfeffer- und Lebkuchen in die Körbchen gelegt«, reichte die Mutter den Kindern die bis zum Rand gefüllten Körbchen. »Sagt der Großmutter, ich lasse schön grüßen, und sie möchte das Fest und das neue Jahr gesund und ruhig verleben. Diesmal wäre zu viel Arbeit und ich könnte nicht selber kommen.«

Nur noch mit halbem Ohr hörten die Kinder, was die Mutter ihnen auftrug, in Gedanken waren sie schon auf dem Weg zur Großmutter. Die alte Frau wusste ja immer so spannende Geschichten zu erzählen und jetzt zur Weihnachtszeit sicherlich eine über den Weihnachtsmann, der im hohen Norden gerade seinen von Rentieren gezogenen Schlitten mit den Weihnachtsgeschenken für die braven Kinder belud.

»Beeilt euch!«, ermahnte die Mutter noch einmal die Kinder, die sich ungeduldig von ihr mit einem flüchtigen Kuss verabschiedeten.

Und los stapften die beiden durch den tiefen Schnee, jedes ein Körbchen in der Hand. Am windschiefen Gartenzaun, an dem einige Holzlatten fehlten, drehten die Zwillinge sich noch einmal um und winkten der Mutter. Dann schritten sie kräftig aus und die langen Häuserreihen des Ortes lagen bald hinter ihnen.

Der Wind wehte und wirbelte hier und da durchsichtige Schneewölkchen auf. Wie unzählige kleine Kobolde kreisten die Flocken durch die Luft und fielen überallhin, auf die Mützen, auf die Jacken und sogar in die Gesichter der Kinder.

Die Wiesen und Äcker, die auf ihrem Weg zum nahen Wald lagen, versteckten sich unter einer dichten Schneedecke und jeder Stein, jeder Pfahl hatte ein Schneepelzkäppchen aufgesetzt.

Krähen, die irgendetwas aufgescheucht haben musste, flogen krächzend und flügelschlagend im weiten Bogen auf die rechts und links des Weges stehenden hohen Schwarzpappeln zu. Einige von ihnen ließen sich aufplusternd in den kahlen Kronen der Bäume nieder, die anderen kreisten weiter auf der vergeblichen Suche nach Futter. Weitere der schwarzen Vögel flatterten heran. Ihre Flügel weit gefächert, die Beine dicht angezogen schwebten sie nieder, um kurz über dem Erdboden durch einige Flügelschläge in den Segelflug überzugehen.

Plötzlich sprang aus einer Schneewolke heraus ein Hase über das weite Feld.

Gellend krächzend erhob sich der Schwarm aus den Bäumen, begann wie wild über dem Tier zu kreisen.

Zornig fuchtelnd warf der Knabe die Hände hoch und rief: »Verschwindet!«

Haken schlagend ergriff der Hase schleunigst die Flucht und verschwand im dichten Gestrüpp der am Wege stehenden dürren Büsche.

Heisere Laute ausstoßend flogen die Krähen von dannen.

Nach wie vor stoben auf dem verschneiten Feldweg leichte Schneewölkchen empor, nur dass der Wind jetzt stärker blies.

Tränen liefen über Heidis Wangen, so biss der Ostwind in die Augen, und der Atem der Kinder bildete vor ihren Mündern kleine weiße Wolken. Hansi konnte die Mütze gerade noch festhalten, die eine Windböe ihm vom Kopf reißen wollte.

Ein erneuter Windstoß.

Der Knabe fasste diesmal nicht schnell genug zu und die Mütze flog kullernd durch den tiefen Schnee davon. Man kann sich nicht vorstellen, welch eine Schnelligkeit Hansi entwickelte, um seine Mütze wieder einzufangen. Flink wie ein Wiesel stürzte er durch den tiefen Schnee. Jedes Mal, wenn er dachte, er bekäme die Mütze endlich zu fassen, wurde sie durch eine neue Windböe weitergetrieben. Sechs, sieben Mal ging es so, ehe er sie mit einem Hechtsprung erwischte. Außer Atem, mit erhitztem Gesicht, aber zufrieden kehrte er zu seiner Schwester zurück.

In seiner ganzen weißen Pracht breitete sich der Winterwald vor den Kindern aus.

»Sieh nur«, sprach Heidi. »Wie viele Weihnachtsbäume der liebe Gott doch hat! Und der Schnee auf ihnen sieht wie weiße Wolle aus.«

»Ja ... und sieh nur ... dort ...«, antwortete Hansi begeistert, »dort, wo die Sonnenstrahlen darauf scheinen, glitzern tausend Sterne.«

Der Weg durch den verschneiten Winterwald führte die Kinder an einer kleinen Lichtung vorbei. Hier blieben sie wie angewurzelt stehen.

Ein stattlicher Hirsch, auf seinem Kopf ein riesiges Geweih, überquerte die Lichtung. Mehrere Hirschkühe mit ihren Jungen liefen langsam hinter ihm her. Der Hirsch hob sein stolzes Haupt und schien die Kinder klug und furchtlos anzusehen.

»Ist das nicht wunderschön?«

»Ja«, flüsterte Heidi, »sei leise, sonst verscheuchst du die Tiere.«

Die Welt um sich her vergessend schauten die Kinder mit leuchtenden Augen auf das friedliche Bild.

»Komm, wir müssen weiter«, drängelte schließlich Hansi. »Du weißt, wir sollen noch vor dem Dunkelwerden zu Hause sein, und Großmutter soll uns auch noch eine Geschichte, eine Weihnachtsgeschichte, erzählen.«

Der Wind hatte sich gelegt.

Nur das leise Knirschen der Schritte im tiefen Schnee war zu hören und dann und wann leises Knacken im Unterholz, das von dürren Ästen herrührte, denen die Schneelast zu schwer geworden war.

Der Wald lichtete sich und vor den Geschwistern lag das freie Feld. Nicht weit entfernt kauerten in einem Häuflein strohbedeckte Bauernhäuser.

Kalt waren die Ohren der Zwillinge geworden, steif und

feuerrot. Aber die Finger erst, oje! Da saßen lauter kleine Nadeln drin und piekten, trotz der dicken Handschuhe. Rasch schritten die kleinen Füße aus und trugen die Kinder zu den Bauernhäusern, aus deren Schornsteinen weißer Rauch kräuselnd emporstieg.

Das alte Bauernhaus am Ende des Dorfes gehörte der Großmutter. Tiefe Schneewehen stauten sich hier am windschiefen Zaun, während die andere Seite des Weges der Wind blank gefegt hatte.

»Großmutters Häuschen!«, jubelten die beiden. Kaum hatten sie den Schnee von Jacken, Hosen und Schuhen geklopft, da stürmten die Kinder schon in die warme Stube und riefen: »Großmutter! Großmutter!«

Im Zimmer roch es nach Tannengrün und Pfefferkuchen.

»Fröhliche Weihnachten, Großmutter!«

»Danke euch, ihr Lieben!«

Geschwind richteten sie die Grüße der Mutter und die guten Wünsche zum Fest aus.

»Ihr seid ja richtig durchgefroren, wärmt euch erst einmal auf, bevor es auf den Rückweg geht«, betrachtete die Großmutter besorgt die Kinder. »Ich erzähle euch auch schnell noch eine Geschichte.«

»Oh, fein!«, riefen sie da erfreut.

Im offenen Kamin knisterte anheimelnd das Kiefernholzfeuer und belebte mit seinem zuckenden Widerschein das gütige Antlitz der alten Frau.

Heulend pfiff der Wind durch den Schornstein.

Die Kinder ließen sich auf dem weißen Schafsfell nieder, das vor dem Kamin lag. Versonnen schauten sie in die rote Glut der glimmenden Holzscheide. Die huschenden Schatten an den Wänden, vom flackernden Schein der zuckenden Flammen erzeugt, regten die Phantasie der Kinder an.

Sie hörten nach draußen, auf das Wehen des Windes und das leise Grieseln der Schneeflocken gegen die Fensterscheiben, an denen sich Eisblumen bildeten.

Die Großmutter, schneeweiß waren ihre Haare vom Alter, setzte sich in den vom vielen Gebrauch abgenutzten Lehnstuhl und sagte: »Es ist heute zwar Weihnachten, aber eine Weihnachtsgeschichte erzähle ich euch deswegen nicht.«

Die Enttäuschung über die Worte der Großmutter, keine Weihnachtsgeschichte erzählt zu bekommen, spiegelte sich auf den Gesichtern der Zwillinge wider.

Schmunzelnd sprach die alte Frau weiter: »Aber ich erzähle euch die Geschichte über den kleinen Jungen, der am Heiligen Abend das Licht der Welt erblickte.«

Miauend schlich Großmutters schwarzer Kater durch die Wohnstube und sprang mit einem Satz auf den Fenstersims.

Omi begann mit wohlklingender Stimme zu erzählen, dabei schauten die Kinder mit gespannt blickenden Augen auf ihre Lippen.

»Der vor langer Zeit lebende mächtige Kaiser Augustus legte fest, alle Welt habe sich schätzen zu lassen. Und es gingen alle Menschen, ob jung oder alt, arm oder reich, groß oder klein, in die Stadt, wo sie sich zählen lassen sollten. So machte sich auch ein Mann namens Joseph mit seinem Weibe Maria, die ihr erstes Kind erwartete, auf den langen und mühsamen Weg, der von der Stadt Nazareth nach Bethlehem führte. Als die beiden müde und abgespannt in Bethlehem eintrafen, kam die Zeit, dass Maria gebären sollte. Vergeblich suchten sie nach einer Unterkunft in den Herbergen der Stadt. Überfüllt waren sie alle, denn mit Joseph und Maria waren viele Männer, Frauen und Kinder zur Zählung nach Bethlehem gekommen.«

Das Feuer im Kaminofen knackte und knisterte. Es leuchtete und lohte und verbreitete eine wohlige Wärme. »Noch lange irrten Maria und Joseph suchend durch die Straßen der Stadt. Erst als die Nacht vom Himmel herabsank, fanden sie ein warmes Plätzchen. Es war zwar nur ein Schafstall, aber sie hatten wenigstens ein schützendes Dach über dem Kopf. Auf dem mit Stroh bedeckten Boden ließen sie sich ermattet von den Anstrengungen des Tages nieder. Joseph betrachtete besorgt sein Weib, bei dem plötzlich die Geburtswehen einsetzten. Maria gebar unter Schmerzen ihren ersten Sohn, den kleinen Knaben wickelte sie in Windeln und legte in eine Krippe.«

Nicht einmal das leise Knallen und Zischen der Äpfel, die in der Bratröhre des Kamins brutzelten, konnte die Kinder ablenken. Andächtig lauschten sie der doch so spannenden Erzählweise der Großmutter.

»In derselben Nacht hüteten Hirten ganz in der Nähe von Bethlehem auf dem hartgefrorenen Boden der Felder ihre Schafe. Klar funkelten die Sterne am nächtlichen Himmel. Die in Decken gehüllten und sich auf Wurzelholzstecken abstützenden Männer spürten förmlich, wie der klirrende Frost von den Sternen herabstieg. Das helle Licht des Mondes tauchte die Ebene in matte Helligkeit. Ein eisiger Hauch streifte plötzlich die Hirten und im selben Moment wäre ihnen das Herz beinahe stehen geblieben. Entsetzt schauten sie nach oben und verfolgten mit atemloser Spannung das Geschehen, was sich über ihnen abspielte. Einige von ihnen wollten wegrennen, um Hilfe schreien – aber sie konnten weder das eine noch das andere. Wie erstarrt standen sie da. Aus dem immer heller wabernden und wallenden Nichts schälten sich die Umrisse einer weiß gekleideten Gestalt heraus, die plötzlich in einem unglaublichen Lichterglanz erstrahlte. Es war ein Engel – der Engel Gottes. Himmlische Sphärenmusik erfüllte die Luft. Mit weit aufgerissenen Augen und schlotternden Knien schauten die Hirten die Erscheinung an. Da sprach der Engel zu ihnen: ›*Fürchtet euch nicht! Ich verkünde euch große Freude, die allem Volk widerfahren wird, denn euch ist heute der Heiland geboren, welcher Christus ist, der Herr in der Stadt Davids. Und das habt zum Zeichen, ihr werdet finden das Kind in Windeln gewickelt und in einer Krippe liegend.*‹ Während der Engel sprach, umschwebte ihn ein immer dichter werdender Kreis von silberbeflügelten Englein, die ein Saitenspiel in der Hand hielten und mit lauter Stimme verkündeten: ›*Ehre sei Gott in der Höhe und Friede auf Erden und den Menschen ein Wohlgefallen.*‹ Der Lichtschein, als wenn Tausende Kerzen erstrahlten, begann zu verblassen und die Engel fuhren gen Himmel. Nur über Bethlehem leuchtete ein strahlender Stern, das Zeichen des Himmels.«

Hansi, ganz versunken in die Erzählung der Großmutter, knackte eine Haselnuss nach der anderen. Die Schalen warf er in die rote Glut des Feuers – das knisterte schön.

»Die Hirten eilten nach Bethlehem und betraten hier den Schafstall, über dem hell der Stern, das Zeichen des Himmels, erstrahlte. Auf dem strohbedeckten Boden fanden sie Maria und Joseph. Daneben in einer Krippe aus Holz lag ein in Windeln gewickeltes Wesen. Es war ein Knäblein … Zur selben Zeit kamen von weit her, aus dem Morgenland, drei weise Männer und suchten ebenfalls nach dem kleinem Kinde. Der hell leuchtende Stern hatte ihnen den Weg gewiesen. Als die gelehrten Männer sahen, dass der Stern über einem Stall stehen blieb und diesen mit seinem gleißenden Schein einhüllte, waren sie hoch erfreut. Sie gingen in den Stall und fanden das Kind und

Maria seine Mutter. Die Weisen fielen auf die Knie, beteten es an, breiteten dann ihre Schätze aus und schenkten ihm Gold, Weihrauch und Myrrhe.«

Beim Erzählen war die Zeit wie im Fluge vergangen. Die Sonne neigte sich bereits tief nach Westen und stand wie eine dunkelrote Scheibe am Himmel. Die Windsbraut hatte einen mächtigen Hassgesang angestimmt, der allen Irdischen hohnlachen schien. Zuletzt war nichts anderes mehr zu hören, als langes, nicht enden wollendes Geheul.

»Kinder, es wird Schnee geben, beeilt euch und trödelt mir nicht unterwegs«, spornte Großmutter die beiden zur Eile an. Durch ein in die gefrorenen Fensterscheiben gehauchtes Loch schaute sie noch lange den beiden nach, die wie ein paar übermütige Pferde durch den tiefen Schnee davonsprangen.

Der Ostwind, der an Kälte und Stärke zunahm, brachte schon die ersten dunklen Wolken über die nahen Berge heran. Kurz darauf setzte Schneegestöber ein.

Für die Geschwister schien sich der Weg über das freie Feld endlos hinzuschlängeln. Mühsam stapften sie durch die tiefen Schneewehen, die sich an vielen Stellen gebildet hatten. Wild tanzten jetzt die Schneeflocken herunter, die den Kindern wie scharfe Eiskristalle in die Gesichter fegten.

Dichter und dichter wurde der stiebende Schneewirbel. Der Wind peitschte die Flocken empor, trieb dünne weiße Wände vor sich her. Die Heftigkeit des Windes verstärkte sich zum Sturm. Die Hütten des Dorfes und der nahe Wald verschwanden hinter den heranfauchenden Flockenhaufen.

So nahm die Dämmerung wohl an diesem Tage eine Stunde früher zu.

Der Schnee trieb waagerecht über die weite Ebene und wehte mit solch einer Kraft, dass Hansi sein Schwesterchen an die Hand nehmen musste. Es war, als ob der Sturm die beiden vom richtigen Wege abbringen wollte.
»Wir müssen dicht zusammenbleiben!«, schrie Hansi durch das Tosen.
Der Wind biss in die Wangen.
Ungeheure Schneemassen mengten sich immer wieder in die kalte Winterluft.
Die Kinder mussten sich gegen den Wind stemmen, der schließlich zum Orkan wurde. Reif bildete sich auf den Brauen.
Es heulte und jaulte.
Unbarmherzig peitschte der Schnee in die Gesichter. Schwer wurde es, zu atmen, der Sturm riss ihnen die Luft förmlich vor der Nase weg.
Da tauchte endlich der schützende Waldrand aus der weißen Schneewand vor ihnen auf. Hansi ließ seine Schwester los und sogleich riss eine Windböe das Mädchen von den Beinen. Mühsam raffte es sich wieder auf, wobei der Pulverschnee in ihre Ärmel kroch. Erneut wurde Heidi von den Beinen gerissen. In ihrer Verzweiflung rief sie mit vor Anstrengung versagender Stimme: »Hansi! ... Hilf mir!«
Der Knabe blieb stehen. Er hatte Wortfetzen des kläglichen Hilferufes durch das Geheul des Sturmes gehört. Zur Schwester kehrte er zurück, und gemeinsam gelang es, der Naturgewalt die Stirn zu bieten. Mit klopfendem Puls, Knie und Hände zitternd, erreichten sie mühsam den schützenden Waldrand. Einen tiefen Seufzer der Erleichterung ausstoßend griff Hansi nach dem nächsten überhängenden Baumzweig, um sich aufrecht halten zu kön-

nen. Mit der noch freien Hand zog er seine Schwester in den Wald, wo sie endlich Schutz vor dem eisigen Wind fanden.

Ach, war es schön, dass sie ein Weilchen verschnaufen konnten, nur wenige Minuten, um Atem zu schöpfen.

Es knackte in den Zweigen.

Es knarrten die Stämme.

Die Nacht begann ihre schwarzen Schleier aufzuhängen.

Und weiter ging es, stapfend durch den tief verschneiten Winterwald. Hier konnte der Sturm nicht mehr mit ihnen sein Spiel treiben. Sie überquerten Stellen, an denen die Luft so still war wie hinter einer hohen Mauer, und nur das Gebrüll zu ihren Häuptern und das Ächzen und Wiegen der Stämme war ein Zeichen dafür, dass der Sturm nichts von seiner Kraft verloren hatte. Durch tiefen Schnee und über kahl gefegte Flächen ging es vorwärts. Als sie an den dunklen Silhouetten riesiger Tannen, die mit ihren schneebedeckten Zweigen zu winken schienen, vorbeikamen, wurde der Weg noch beschwerlicher.

»Ist dies auch der richtige Weg?«, ängstlich kam es über Heidis Lippen.

Entweder hatte Hansi die Frage nicht gehört oder er wollte sie nicht hören, um keine Antwort geben zu müssen, denn er war viel zu sehr damit beschäftigt, nicht vom rechten Wege abzukommen.

Die Schneedämmerung und die Finsternis des Waldes belebten sich mit tausendfachen, wirbelnden Gestalten der Phantasie. Nicht nur das Mädchen, sondern auch den Jungen überkam die Angst laut aufzuschreien, und sie brachten doch keinen Laut hervor.

»Antworte doch, Hansi«, bettelte flüsternd das Mädchen, als ob sie jemand belauschen könnte.

»Ich weiß nicht mehr, wo wir sind?«, rückte zögernd der Junge mit der Wahrheit heraus.

Sie hatten den Weg verloren und standen hilflos in der Finsternis des Waldes. Überall lag die gleiche einförmige, weiße Schneeschicht, und nirgends war ein Weg, geschweige denn ein Pfad zu sehen. Erst leise, dann immer lauter riefen sie: »Hiiilfe …! Hiiilfe …!«

Vergeblich war all ihr verzweifeltes Rufen.

Wer sollte sie auch um diese Zeit in der Schneehölle hören?

So irrten die Kinder durch den finsteren Winterwald und sie wussten zum Schluss weder ein, noch aus. Die Angst und die Kälte trieben sie immer tiefer in den unwirtlichen Wald.

In der Tat, es war noch kälter geworden.

Die Kinder fassten sich an den Händen, hopsten und sprangen durch den tiefen Schnee, um sich zu erwärmen. Mitunter wurden sie von einer Schneewolke vollständig bedeckt, die die beiden kleinen Gestalten dann in einem durchsichtigen Schleier versteckte. Mussten die Geschwister außer Atem stehen bleiben, kroch sofort die Kälte unbarmherzig unter die Kleidung und schon hüpften sie wieder von einem Bein auf das andere, bliesen in die Fäuste, um die erstarrten Hände etwas zu erwärmen.

Fürchterlich war die Kälte.

Da nützten letztlich auch die Handschuhe nichts mehr. Die Finger froren steif, wie auch die Zehen.

Und die Knie.

Und die Waden.

Alles schüttelt sich vor Frost.

»Es ist so schrecklich kalt«, flüsterte Heidi mit zitternder Stimme. Das Mädchen fröstelte am ganzen Körper.

»Ich kann nicht mehr weiter. Hansi, lass uns etwas ausruhen.«
Endlich an einer Stelle, wo dichtes Astwerk den Schnee abgefangen hatte und den Boden nur fußhoch bedeckte, sprach Hansi zu seiner Schwester: »Sieh dort, unter der Wurzel die trockene Höhle, da können wir uns einen Moment ausruhen und uns gegenseitig wärmen.«
Selbst Laub und Moos gab es hier. Die beiden Kinder kuschelten sich immer enger zusammen, im warmen Nest.
»Dass du nicht einschläfst«, flüsterte der Junge besorgt.
»Hab keine Angst, ich schlafe nicht«, kam zähneklappernd mit schon leiser werdender Stimme die Antwort.
Immer dicker wurde die Schneedecke, immer lautloser die Welt, immer dichter wurden Baum und Strauch eingehüllt und zugedeckt.
Erschrocken riss Hansi die Augen auf. Er musste wohl kurz eingeschlafen sein. Ob ich schon am Erfrieren bin, schoss ihm glühend heiß der Gedanke durch den Kopf. Großmutter hatte ja in einer ihrer Geschichten davon erzählt, dass man erst immer müder wird, dann einschläft und zum Schluss gar nicht merkt, wie der kalte Tod von einem Besitz ergreift.
Erneut fielen dem Jungen für Sekunden die Augen zu, aber die Furcht zu erfrieren, zwang ihn auf die Beine.
Plötzlich – unheimliche Stille.
Der Knabe schaute verwundert auf.
Das Unwetter war vorübergerast. Der Wald stand jetzt ruhig. Er schien schwer zu atmen und sich in die grenzenlose Stille einzuhüllen, die über der Erde schwebte. Es war so still geworden, dass kein Zweig sich rührte; nur wenn eine Eule sich auf einen Ast setzte, fiel ein Stück Schneebehang mit halblautem Geräusch herab.

Hansi bemühte sich, die steifen Arme auszustrecken, um das Blut wieder in Bewegung zu bringen. Er klopfte sich den Schnee herunter, dabei sich nach seiner Schwester umsehend. Diese starrte mit weit aufgerissenen Augen an ihm vorbei und sprach ungläubig: »Schau! ... So schau doch, Brüderchen!«

»Was ist denn?«

»Schau doch ... dort ... den Tannenbaum!«

Hansi drehte sich um und was er da zu sehen bekam, verschlug ihm die Sprache.

Die Kinder hatten am Rande eines alten Kahlschlages Schutz gefunden. Weit verstreut standen hier große und kleine Tannen.

Tausend Sterne leuchteten am dunklen Himmelszelt und der gelbe Mond tauchte alles in sein milchiges Licht.

Weggeblasen war das Schneegestöber und auch die Kälte hatte spürbar nachgelassen.

Inmitten der wie ein Silberfeld leuchtenden freien Schneefläche reckte eine herrliche Tanne ihre weit ausladende Krone in den Himmel. Goldiger Schein umkoste den schönen Baum. Auf jedem Zweig ein Schneestreifen, an den Zweigspitzen kleine Eiszapfen, die glitzerten und flimmerten im Licht unzähliger Kerzen, die ringsum auf den Zweigen feierlich brannten. Aus dem halb verschneiten, dunklen Gezweig schauten die roten Backen der Äpfel hervor. Gold- und Silbernüsse blitzten und funkelten. Ganz oben auf der Spitze der regelmäßig gewachsenen Tanne leuchtete ein heller Stern.

Und neben dem Baum stand das Christkind in einem langen weißen Pelzkleidchen, das Mützchen voll Schnee, mit rot gefrorenem Näschen und lachte über das ganze Gesicht. Der Weihnachtsmann neben ihm trug einen dicken roten pelzverbrämten Rock, schwarze Stiefel, eine rote Mütze, und sein weißer Bart flatterte im Wind. Er winkte den Kindern zu. Und dann war da noch der mit Geschenken beladene Schlitten, den sechs Rentiere zogen.

Vor Glück und Seligkeit leuchteten da die Kinderaugen. Der Nachtwind trug das helle »Bim! ... Bim! ... Bim! ...« einer fernen Glocke herüber.

Wie ein Spuk verschwand die Erscheinung. Nur auf der Tannenspitze blitzte noch ein goldenes Licht, das die Finsternis erhellte.

»Sieh nur, Schwesterchen, dort das goldene Licht, gleicht es nicht dem Stern, der die Hirten von Bethlehem und die Weisen aus dem Morgenland zum Christkind geführt hat.«

»Ja, so muss er ausgesehen haben. Vielleicht zeigt er uns den Weg nach Hause.«

Und wirklich, das goldene Licht stieg langsam als Stern klar funkelnd zum nächtlichen Winterhimmel empor und verharrte einen Moment, wie um sich zu überzeugen, ob die Kinder ihm folgten.

»Sieh nur! Er will uns den Weg zeigen!«

Langsam setzte der Stern sich in Bewegung und die Zwillinge folgten ihm. Jedes Mal, wenn sie erneut vom Weg abkamen, erblickten sie zwischen den Wipfeln der Bäume den Stern, der sie immer wieder auf den richtigen Weg zurückführte.

»Wie weit ist es noch?«, wollte Heidi immer und immer wieder wissen. Sie stapfte müden Schrittes hinter dem Bruder her.

»Ich weiß es nicht!«, konnte Hansi nur jedes Mal antworten.

Hoch am Himmel wies der helle Stern den Weg.

Stunden schienen vergangen zu sein, als die Geschwister endlich den Waldrand erreichten. Vor ihnen lag die weite Ebene in stiller weißer Pracht. Nur hier und da wirbelten Wölkchen von nicht greifbarer Gestalt auf, flogen überall umher und gerieten den Kindern ins Gesicht.

Aus den unweit vom Walde stehenden Häusern der Stadt drang mattgoldener Weihnachtsschein herüber.

»Dort, unser Häuschen!«, jubelten die Kinder.

Ganz traurig stand es da, als würde ihm etwas fehlen.

Wie weggeblasen war all die Müdigkeit der beiden. Sie begannen zu laufen und erreichten nach kurzer Zeit das Haus.

Beim Öffnen der Haustür fuhr die Mutter auf. Ein dickes Buch hätte man sicherlich davon schreiben können, was das Herz der armen Frau gefühlt haben mochte und was ihr alles durch den Kopf gegangen war, seit man die Suche nach den Kindern erfolglos abbrach. Stundenlang hatte sie gedauert und es half weder Rufen noch Schreien. Schaudernd standen die Männer in dem pfeifenden, eisigen Wind und legten nach jedem Rufen lauschend die Hände an die Ohren, wie jemand, der erwartete, dass man eine Antwort erhielte. Jedoch alles war vergebens, nur immer mächtiger sauste und brauste es und schüttete die weiße Last auf Wald, Flur und Haus. Die wirbelnden Schneewände verschluckten jeden Laut. Die Männer mussten unverrichteter Dinge umkehren.

Als die Kinder aber jetzt in die warme Stube stürmten, kam ein leises »Vergelt's Gott« über die Lippen der Mutter.

War das auf einmal eine Freude in dem kleinen Haus! Die Kinder fielen der Mutter um den Hals. Mit Tränen verschleierten Augen drückte sie ihre Lieben an das Herz. Selbst der Vater, der das friedliche Bild vor dem Weih-

nachtsbaum betrachtete, bekam einen feuchten Blick, der seine Augen wie zwei Weihnachtslichter leuchten ließ.
Ganz still war es im Zimmer geworden, ganz still.
Glänzenden Kinderaugen blickten zu dem herrlichen Weihnachtsbaum hin. Das flackernde Licht der weißen Kerzen spiegelte sich in den an grünen Zweigen hängenden bunten Glaskugeln. Zwischen allen schwebten bunte Holzengel an dünnen Fäden und auf der Baumspitze strahlte der goldene Stern.
»Sieh nur, Schwesterchen! Er ist es, dort der goldene Stern auf der Tannenspitze, der uns den Weg nach Hause gezeigt hat!«
»Ja, er ist es wirklich!«
Nie zuvor hatten die Lichter am Tannenbaum den Kindern so hell gestrahlt, und nie zuvor hatten sich Eltern und Kinder so lieb gehabt wie an diesem Heiligen Abend. Es war so viel Sonne im Häuschen, so viel Freude und Lachen, dass sie meinten, die vier, es reiche fürs ganze Leben.

Vera Hesse

Die Überraschung

Draußen war es schon ganz dunkel geworden und leise rieselten dicke Schneeflocken vom Himmel. Die fünfjährige blonde Laura stand schon eine Weile am Fenster und drückte immer wieder ihre kleine Nase an die kalte Scheibe. Wo wohl der Papa bleibt, er müßte doch längst wieder zu Hause sein, dachte sie. Angestrengt schaute sie in die Dunkelheit. Ganz weit da draußen mußte er sein. Dort war die große Stadt mit vielen Lichtern, Geschäften, hohen Häusern und breiten Straßen.

»Mami, warum kommt der Papi nicht zurück? Er hat doch versprochen, vor dem Dunkelwerden wieder hierzusein, und jetzt ist er immer noch nicht da. Mama, ob er vielleicht den Weihnachtsmann getroffen hat?« Lauras Mutter, Frau Helms, wischte sich die Hände an ihrer Küchenschürze ab. Sie war am Keksebacken, und es roch schon wunderbar aus dem Backofen. »Natürlich«, sagte sie, »das wäre möglich, komm hilf mir doch mal, die fertigen Kekse mit Schokoladenguß zu bestreichen. Der Papa wird bestimmt bald hiersein«.

Lauras Mutter machte sich schon seit einer Stunde große Sorgen, weil ihr Mann auch noch nicht angerufen hatte, denn er war sonst immer sehr pünktlich und gewissenhaft. Die Zeit verging durch das Keksebacken sehr schnell, aber sie schaute doch immer wieder verstohlen auf die runde Küchenuhr an der Wand.

»Mami, ob wir mal draußen nachsehen?« sagte Laura. »Struppi kann ihn vielleicht eher schnuppern?« Als Struppi, der kleine weiße Terrier, seinen Namen hörte, spitzte er seine Ohren, sprang auf seine Beine und machte laut »wuff, wuff!«. Er hatte nämlich unter dem Tisch gesessen, dort war es schön warm und die duftenden Kekse lagen ganz in seiner Nähe. »Wuff!« machte er wieder. Frau Helms nickte dabei mit dem Kopf. »Ja, Laura, du hast recht. Struppi hat eine gute Nase, ich habe da eine Idee. Struppi und ich sehen mal draußen nach, ob wir schon den Papa sehen, und du streichst derweil die Kekse schön mit Schokoladenguß an.« Laura blickte ängstlich ihre Mama an. »Aber ich möchte doch auch mitgehen«, bettelte sie leise, doch Frau Helms hängte schon ihre Küchenschürze an den Haken hinter der Tür und eilte zum Waschbecken, um ihre Hände zu säubern. »Bleib du schön hier, Laura, und achte auf das Telefon«, sagte sie. Im Nu hatte sie ihren warmen Wintermantel übergezogen und jetzt fehlte nur noch die Hundeleine. »Struppi, komm, wir wollen Herrchen suchen«, sagte sie zu dem Hund. Der wedelte aufgeregt mit seinem kurzen Schwänzchen, »wuff, wuff!«, bellte er und zog kräftig an der Leine.

Noch immer fielen dicke Schneeflocken vom Himmel, es war ganz leise draußen, als ob der Schnee alle Geräusche schluckte. Frau Helms schaute beim Vorwärtslaufen einmal kurz zurück, und da meinte sie, Lauras kleines Gesicht am Fenster zu sehen. Lauras Mutter dachte daran, daß ihr Mann noch Weihnachtseinkäufe machen wollte und auf dem Rückweg den Tannenbaum mitbringen sollte, deswegen hatte er auch extra das große Auto mitgenommen. In zwei Tagen war doch schon Heilig Abend. Wo doch nur der Papa so lange bleibt? dachte sie schon zum hundertsten Male.

Struppig zog jetzt an seiner Leine so heftig, als wenn er es mächtig eilig hätte. »Wuff, wuff!« machte er alle paar Meter, so daß Frau Helm durch das schnelle Laufen schon schwer atmen mußte. Nach ungefähr einer halben Stunde winselte Struppi auf einmal und zog noch stärker an der Leine. Er war plötzlich ganz aufgeregt, und jetzt sah Frau Helms auch warum. In der Dunkelheit bemerkte sie ein umgekipptes Auto. Vor Schreck konnte sie gar nichts sagen, denn sie erkannte beim Näherkommen, daß es der Wagen ihres Mannes war.

Struppi winselte jetzt noch lauter und zog voller Kraft zu dem Wagen. Frau Helms hatte Mühe, ihm zu folgen.»Hans!« rief sie immer wieder,»Hans, hörst du mich?«Und da endlich sah sie ihren Mann, er lag im umgefallenen Auto eingeklemmt im Fahrersitz und bewegte sich nicht. Struppi fing jetzt wieder an zu bellen,»Wuff, wuff, wuff!«–»Struppi, wir brauchen Hilfe«, sagte sie in ihrer Not zu dem Hund. Ob er sie wohl verstand? Während sie sich zu ihrem Mann niederbeugte, hörte sie auf einmal ein Motorengeräusch, das langsam näher kam.»Horch, Struppi, horch, da kommt ein Auto, vielleicht kann das uns helfen, komm schnell!« Sie machte die Leine los, und der Hund sauste zu dem entgegenkommenden Auto. Er kläffte ganz laut immer wieder und immer wieder. Frau Helms kam keuchend nachgelaufen und winkte heftig mit den Armen. Gerade kam ein Traktor mit Anhänger um die Kurve gefahren, er hatte lauter Weihnachtsbäume geladen und wollte nach Hause fahren. Der Treckerfahrer hatte Mühe anzuhalten, als er den kläffenden Hund mit der winkenden Frau entdeckte, denn die Fahrbahn war sehr glatt.

»Bitte, helfen Sie mir«, sagte Frau Helms, sie ging auf den Treckerfahrer zu und erzählte ihm, was geschehen war, von dem umgestürzten Auto und ihrem Mann, der dort eingeklemmt war. Der Treckerfahrer versprach, sofort Hilfe zu holen, und Frau Helms sollte so lange bei ihrem Mann bleiben. Struppi hatte sich inzwischen beruhigt und verschwand in dem umgekippten Auto. Er setzte sich neben Lauras Vater, ab und zu leckte er Herrn Helms über das Gesicht und winselte leise. Es verging keine halbe Stunde, da hörte man schon wieder Motorengeräusch, diesmal sogar mit tatütata. Frau Helms eilte auf die glatte Fahrbahn und winkte dem Krankenwagen zu. Tatkräftig holten die Männer eine Trage aus ihrem Fahrzeug, und es dauerte gar nicht lange, da hatten sie Lauras Vater aus seinem umgekippten Auto befreit. Er atmete, das war für Frau Helms das Wichtigste, doch war er noch ohne Besinnung. Schnell fuhren die Männer Herrn Helms ins Krankenhaus, Lauras Mutter und Struppi durften im Krankenwagen mit nach Hause fahren.

Die kleine Laura hatte während der ganzen Zeit aus dem

Fenster gesehen, und als sie jetzt das Blaulicht des Krankenwagens auf ihr Haus zufahren sah, stürmte sie voller Aufregung zur Tür. Als der Wagen anhielt, sah sie, daß Struppi und ihre Mutter ausstiegen, und sofort brauste der Krankenwagen weiter zum nächsten Hospital, das ganz in der Nähe war. Laura rannte zu ihrer Mutter, schluchzte und weinte viele Tränen. »Es ist alles gut, mein kleiner Liebling«, sagte die Mutter und drückte sie immer, immer wieder an sich. »Es ist alles gut, Papa ist jetzt in guten Händen.«

Inzwischen hatte es auch aufgehört zu schneien, und Struppi freute sich, daß er wieder zu Hause war. Voller Übermut sprang und hopste er immer um Laura und ihre Mutter herum, dabei bellte er sein fröhliches »wuff, wuff«. Beide waren im Moment erleichtert und gingen gemeinsam in die gemütliche, warme Küche. Frau Helms zog ihren Mantel aus, dann kochte sie eine große Kanne heißen Kakao, dazu reichte sie die frischgebackenen Kekse. Nach einer kleinen Weile erzählte Frau Helms ihrer Tochter, was geschehen war, von dem umgekippten Auto, dem eingeklemmten Papa, von dem Treckerfahrer, der Hilfe geholt hatte, und von Struppi, der so gut mitgeholfen hatte. Sie versprach, morgen mit Laura den Vater im Krankenhaus zu besuchen. »Aber jetzt geht es erst mal ins Bett«, sagte Frau Helms, »und denke daran, übermorgen ist schon Weihnachten, dann dürfen wir doch nicht müde sein.« Sie nahm Laura in die Arme und streichelte sie. »Gute Nacht, mein Kleines, schlaf gut und träume was Schönes vom Christkind«, flüsterte Frau Helms, dann hörte sie Laura in ihr Kinderzimmer gehen.

Nachdem Laura ins Bett gegangen war, telefonierte Frau Helms noch einmal mit dem Krankenhaus, man sagte ihr, daß es ihrem Mann den Umständen nach gut gehe, er atme stabil und es gehe ihm bestimmt bald wieder besser, morgen könne sie sicher noch Genaueres erfahren. Erleichtert legte Frau Helms den Hörer auf die Gabel, sie konnte das alles noch gar nicht richtig begreifen. Wichtig war nur, daß ihrem Mann geholfen wurde, und sie ihn morgen besuchen konnte.

Am nächsten Tag war strahlender Sonnenschein. Der Schnee

funkelte und glitzerte auf den Feldern. Laura und ihre Mutter zogen ihre warmen Mäntel an und fuhren mit dem Bus ins Krankenhaus, um den Vater zu besuchen. Es war ein sehr großes Hospital, sie mußten in den 6. Stock, und dann zu Zimmer 612. Doch zuerst fragte Frau Helms eine Krankenschwester, ob es ihrem Mann gut gehe, und ob er Besuch empfangen dürfe. »Natürlich«, entgegnete die Schwester, »Herr Helms hat heute morgen wieder seine Augen aufgemacht, er ist wieder bei vollem Bewußtsein.« Überglücklich steuerten Laura und ihre Mutter zu dem Zimmer 612. Leise klopften sie an die Tür und traten dann in das Zimmer. Es war ein sonniges Zimmer, Herr Helms lag geradeaus in einem großen Bett. Er hatte an den Armen und Beinen Verbände, aber in seinem Gesicht leuchteten die Augen vor Freude. Leise sagte er »Hallo«, und Lauras Mutter liefen kleine Freudentränen über die Wangen. Mit leiser Stimme erzählte der Vater, was passiert war, und Lauras Mutter berichtete, wie Struppi ihn gefunden hatte, daß Laura ihn unbedingt draußen suchen wollte, und zum Schluß, daß ein Treckerfahrer Hilfe holte. Am Ende der Besuchszeit nahmen sich alle noch mal in die Arme und sagten sich auf Wiedersehen. Als Laura und ihre Mutter nach Hause gingen, sahen sie schon von weitem, daß ihr Auto wieder vor dem Haus stand, und bemerkten auch den Treckerfahrer mit seinem Traktor. Er hatte gerade das Auto abgeschleppt. Sogar der Tannenbaum war noch da. Frau Helms lief freudig auf ihn zu und bedankte sich noch einmal ganz herzlich für seine Hilfe. »Darf ich Ihnen eine Tasse Tee anbieten?« fragte sie ihn. »Ja, gerne«, erwiderte er, und alle gingen gemeinsam ins Haus. Als sie dann bei Tee und Keksen zusammensaßen, erzählte Frau Helms, daß es ihrem Mann schon viel besser ging, und der Treckerfahrer erklärte, daß er Herrn Helms noch vor zwei Tagen den Tannenbaum selber verkauft hatte. Draußen fing es an dunkel zu werden und der Tannenbaumverkäufer machte sich wieder auf den Heimweg.

Zum Abschied bekam er noch eine große Tüte mit Weihnachtsgebäck und einen Geldschein extra für seine große Mühe durch das Abschleppen des umgekippten Autos. Laura und ihre

Mutter winkten noch, bis der Traktor um die Ecke gefahren war und sie ihn nicht mehr sahen. Voller Freude gingen sie zurück ins Haus. Ganz spät, als Laura schon schlief, ging Frau Helms noch einmal zu dem großen Auto, um nach den Sachen zu sehen, die ihr Mann eingekauft hatte. Sie lagen tatsächlich noch alle dort, allerdings ganz durcheinander verstreut. Sorgsam sammelte sie alles in eine große Tasche und ging leise wieder zurück ins Haus. Sie war so froh, daß trotz des Unglücks mit ihrem Mann sie alle noch so viel Glück dabei gehabt hatten.

Am nächsten Tag war Heilig Abend. Laura war schon sehr aufgeregt. Daß es am Nachmittag noch eine große Überraschung geben würde, wußte morgens noch niemand, weder Laura noch ihre Mutter. Als es schon draußen dunkelte, hatte Frau Helms immer noch alle Hände voll zu tun. Sie mußte das Bäumchen schmücken, die Geschenke aufstellen und zum Schluß noch die Kerzen anzünden. Der Tisch war schon festlich gedeckt, und auf dem Ofen kochte ein leckerer Weihnachtsbraten und ein duftender Pudding. Auf einmal hörte Frau Helms ein Klingeln an der Haustür, sogar zweimal hintereinander. Nanu, dachte sie, wer kann das sein? Mit zögernden Schritten ging sie zur Tür, und da sah sie eine große Überraschung, denn Lauras Papa stand dort mit lachendem Gesicht und sagte:»Das Christkind hat mich hierhergebracht, frohe Weihnachten.« Da nahmen sie sich glücklich in die Arme, und schmunzelnd sah Frau Helms gerade noch die Rücklichter des Krankenwagens, der ihren Mann wieder nach Hause gebracht hatte. Laura und Struppi kamen auch dazu, um den Papa zu begrüßen. Große Freude herrschte jetzt bei groß und klein, die Kerzen brannten, das Essen duftete, der Vater nahm Laura auf den Schoß und zeigte ihr die Geschenke, und Struppi bellte glücklich »wuff, wuff«. Draußen rieselte leise wieder der Schnee, es war eine sehr schöne Heilige Nacht.

Vera Hesse

Markus Hiltl

Sichelmond

Das helle Licht der spitzen Sichel des Mondes spiegelte sich in ihren wasserblauen Augen. Heute war die Nacht der Nächte und sie würde nicht schlafen.

Die Sterne funkelten goldener am Himmel denn je zuvor, über den Wipfeln der blauen Tannen und hohen Fichten lag ein wunderbar matt leuchtender Schein.

Sie würde nicht schlafen. Sie würde der Sichel folgen, die sie sanft führen würde an ihrer Mutter Krippe, zu Esel, zu Ochs und zu den wiederkäuenden Schafen.

Helmut hob mit seiner sanften Baritonstimme an. »Oh du fröhliche, oh du selige, Gnaden bringende Weihnachtszeit.«

Der Baum erstrahlte im hellsten Glanz und der Duft der wenigen Bienenwachskerzen, die man wegen der anheimelnderen Stimmung neben den elektrischen Kerzen angezündet hatte, lag herrlich süß und schwer in der Luft. Unter dem Baum duckte sich die von Helmut selbst gebastelte Weihnachtskrippe, darin das Jesu Kindlein umgeben von Maria und Joseph strampelnd strahlend lächelnd in die Welt sah.

Sabine, ihre Tochter, Helmut, der Schwiegersohn, standen rechts neben dem Baum. Sie sangen bewegt und glänzenden Auges das alte Weihnachtslied.

Thorsten saß auf dem bequemen, blumenbemusterten

Sofa, die Beine weitläufig über Kreuz geschlagen, das Gähnen hinter der ausdrucksstark vor den Mund gehaltenen schönen linken Hand nachlässig verbergend.

Christine und Marlies begleiteten die Sänger auf ihren Blockflöten und Mareike versuchte sich an einer zweiten Stimme. Es gelang ihr gut, schon im Schulchor hatte sie ersten Sopran gesungen.

Nach dem fröhlichen Weihnachtslied bestand Helmut darauf, eine Stelle aus dem Evangelium nach Lukas vorzulesen, die Geburt Jesu.

Er genoss diesen Augenblick jedes Jahr sehr, wusste er doch um die Wirkung seiner so deutlichen und klaren Stimme.

Thorsten wurde unruhig. Alles Zeremonielle, Feierliche war ihm peinlich, seit er das Abitur nicht bestanden hatte, hasste er geradezu jedwede bürgerliche Ambition.

Ungeduldig blickte er auf seine im Kerzenschein goldfunkelnde Armbanduhr.

»Muss das sein?«, so lautete seine Frage.

»Aber Thorsten, einmal im Jahr kannst du dir das doch anhören«, so Sabine.

»Die Kirche ist ein Wirtschaftsunternehmen.«

Damit ließ er es aber gut sein, zudem er mit neckischen Freuden an das Weihnachtsgeschenk für seine Spitzmaus, wie er in Augenblicken innerer Zufriedenheit Mareike zärtlich zu betiteln pflegte, dachte: Tandemsprung mit Fallschirm und ozeanblauer Saphirsolitär.

Als Helmut an die Stelle kam, wo die Hirten auf dem Felde aus dem Schlafe erschrecken, reichte er das heilige Buch großzügig an Christine weiter, die mit der gleichen deutlichen Aussprache wie ihr Vater die ergreifende Geschichte zu Ende las.

Trotz weiterer Bedenken seitens Thorstens bestand Sabine darauf »Stille Nacht, heilige Nacht« anzustimmen, ehe es an die Verteilung der Gaben gehen würde, welche da reichlich und bunt verpackt unter der stolzen Tanne ihrer Bestimmung harrten.

Sie schloss die Augen, ließ sich von der schönen Melodie einhüllen. Ihre Familie war ihr im Leben das Wichtigste und alles, alles hatte sie dafür geopfert. Wie schön sie waren, die beiden Mädchen mit ihren kecken Pferdeschwänzen. Und Thorsten. Niemand hätte vermutet, dass er sich mit knapp 25 einen solchen Wagen würde leisten können. Sabine, ja, die hatte immer Glück gehabt im Leben. Von Georg verhätschelt, Helmut gehobener Beamter und unkündbar und sie selbst, alles hatte sie ihrer Tochter ermöglicht, sie unterstützt, wo es nur ging, damit sie sich ganz ihren Kindern widmete.

»Na endlich, wurde aber auch Zeit.«
Thorsten war gleich nach Verklingen der letzten gekonnt hinausgezogenen Note aufgesprungen und ungeduldig auf die Geschenke losgestürmt.
»Da, Mama, für dich ist mir nichts zu teuer!«
Sabine glühte vor Stolz und Freude.
Thorsten und Mareike, diese Spitzmaus, musste Sabine liebevoll denken, hatten ihr noch jedes Weihnachten seit ihrem großen unternehmerischen Erfolg ein ordentliches Geschenk ausgesucht. Letztes Jahr hatte sie eine Espressomaschine erhalten, der letzte Schrei, und dieses Jahr würde es sicher noch eine Stufe exklusiver ausfallen.
Nun herrschte wildes und freudig-ausgelassenes Durcheinander. Alle gaben sich die Hände, sahen sich ernst und

ergriffen in die Augen, wünschten sich ein »friedvolles und wunderschönes Weihnachtsfest«.

Christine umarmte Marlies, dann ihre Oma. Seit ihrem Studium in Frankfurt hatte sie sich diese einst in der Familie so verpönte bourgeoise Geste zu eigen gemacht und damit vor allem Sabine tief beeindruckt.

»Danke Oma, du bist immer so großzügig.«

Ihr Herz klopfte vor Freude. Christine war ihr Liebling, schon seit ihrer Geburt. Christine war wie sie: eigenständig, selbstbewusst, tatenfreudig.

Marlies drückte sie ebenfalls. Thorsten, gewandt und locker, gab ihr einen Klaps auf die Schulter:

»Frohe Weihnachten, Oma. Hoffentlich bist du nächstes Jahr noch unter uns.«

Sie musste lachen. Thorsten war immer so witzig. Ein Luftikus mit schwerem Wagen, dicker Brieftasche und großem Herzen.

Die Bienenwachskerzen waren niedergebrannt, und Thorsten rief laut: »Hunger!«

Das war das Zeichen für Sabine, die sauren Würstchen, das verlangte eine lange, eiserne Familientradition, auf den Tisch zu bringen und freundlich-bestimmt alle aufzufordern, sich von den Geschenken loszureißen.

Sie saß still auf dem Sofa und konnte es nicht glauben. Damals, vor vielen, vielen Jahren, in der unseligen Zeit, die aber doch auch ihr Gutes hatte, mussten sie wenigsten nicht hungern und Vater hatte trotz seiner Trunksucht eine Stelle bei der Reichsbahn, da war alles anders gewesen.

»Weißt du, Marlies, als ich so alt war wie du, da war Weihnachten nicht so reich wie heute. Wir mussten ja damals in der …«

»Aber Oma, lass doch. Immer derselbe alte Quatsch. Denk doch lieber an heute.«
Sie hatte ja Recht, die Marlies; die Jungen wollen eben die Geschichten von uns Alten nicht ständig im Ohr haben. Wir waren da nicht anders. Und heute, so vieles hatte sich geändert. Ihre Gedanken schweiften ab: nach Berlin, die neue Hauptstadt, und nach Polen, dahin konnte man jetzt auch so leicht fahren. Und Europa: wird immer größer.
Nun, gerne wäre sie sie schon losgeworden, ihre Kindheitserinnerungen.
»Übrigens, danke, Oma. Geld ist immer gut an Weihnachten.«
»Jetzt kommt endlich, Thorsten hat Hunger«, so Sabines erneute Aufforderung aus dem Speisezimmer.

Bitterkalt war es gewesen. Die Winter damals, das waren noch Winter, und in der überhitzten Küche saßen sie alle schwitzend um den Tisch oder auf dem zerfledderten, durchgesessenen Kanapee.
Die Mutter, grau, faltig, abgearbeitet, kauerte neben dem Ofen auf einem Schemel, von Zeit zu Zeit ein Scheit trockenen Buchenholzes nachschiebend.
Vater, der soeben vom Jandlwirt nach Hause gekommen war, war betrunken und sie hatten alle große Angst, er würde sich wieder an Mutter vergreifen.
Das aber hatte sie sich geschworen. So würde sie nicht enden. Sie wollte später arbeiten, in der Fabrik, in der Stadt, und frei sein.
Alles, nur keinem Manne untertan sein. Und diesen Schwur hatte sie gehalten und Georg, der arme Flüchtlingsjunge aus Oberschlesien, dessen feine Art zu sprechen und dessen gediegene Art den Mohnkuchen feinsäuberlich

abgestochen auf der Gabel langsam seinen vollen Lippen zuzuführen, hatte sie gerettet.

Georg hatte ihr gestattet zu arbeiten und mehr als ein Kind wollte er nicht. Im Laufe ihrer Ehe hatte sie es sich mehr und mehr angewöhnt, ihren Mann zu stehen, zumal Georg ja oft arbeitslos war.

Sie hatte ihn geliebt, diesen armen Teufel, der eigentlich hätte Geiger werden wollen, auch wenn er anfangs mehr versprochen als am Ende gehalten hatte.

Darum hätte sie sich für Sabine einen einheimischen Bauern gewünscht und sie war ihr heute noch rechtschaffen böse, Richard und seine Felder samt Schweinezucht verschmäht zu haben.

»Oma, kommst du endlich. Wir warten.«

Diese ärgerlichen Gedanken abschüttelnd trat sie zu Tische. Die anderen saßen bereits vor ihren Tellern und nur widerwillig bequemte sich Marlies, die solche Trödeleien auf den Tod nicht ausstehen konnte, ihrer Oma Platz zu machen.

Die Stimmung war gespannt, prickelnd.

Thorsten hatte der Familie wieder einmal eines seiner beiden Lieblingsthemen aufgezwungen: die bösen Machenschaften der katholischen Kirche.

Christine, gläubig und traditionsbewusst, wollte die Anschuldigungen gegen Papst, Kirchgeher und Priester nicht so stehen lassen. Sabine versuchte abzulenken, indem sie die Frage einwarf, wie die Würstchen dieses Jahr so wären.

Mit der Feststellung, dass sie das Würstchenkochen eh nie lernen würde, grub ihr Thorsten unwirsch das Wasser ab.

Helmut schwieg. Er war von jeher der Meinung gewesen, dass Streit sich nicht lohne und so sprach er hörbar und freudig den Würstchen zu, zumal Marlies, die sehr auf ihre Figur achtete, Diät hielt und allenfalls ein Stückchen trockenen Brotes in die süß-sauere Sauce einzutunken gedachte.

Wäre es nicht Zeit zum Aufbruch in die Christmette gewesen, der Streit wäre wohl eskaliert. Christine war den Tränen nah und bereit, mit Gepolter das Feld zu räumen.

Ach Gott, so dachte sie bei sich, in Familien muss das wohl so sein.

Getreu ihrem christlichen Glauben versuchte sie einen unsicheren Bekehrungsversuch an Thorsten.

Im Eifer des Gefechts mit Christine kannte der Jungunternehmer aber nicht Freund, nicht Feind, nicht Oma mehr und wies diese also darauf hin, dass sie eh nie etwas begriffe und bitte schön endlich mal das Sprechen lernen solle, damit man ihr Anliegen auch verstehen könne.

Das tat weh. Warum war er so boshaft zu ihr?

Sie konnte die Welt nicht mehr verstehen. Hilfe suchend wendete sie sich an Christine. Die aber dachte gar nicht daran, Partei für ihre Oma zu ergreifen und war innerlich sogar froh über ihres Bruders Zurechtweisung, ging ihr die Oma und ihr süßliches, anbiederndes Getue doch häufig genug auf den Wecker.

Still und ruhig lag sie da und unvermindert sah sie in die Sichel des Julimondes.

Wieso nur hatte sie an dieses Weihnachten gedacht?

Sie hatte so viele Weihnachten im Leben gefeiert. Gute und weniger gute. So war das eben, das Leben.

Ihre Nachbarin atmete schwer. Mühselig erhob sie sich

aus dem Bett und trat an das geöffnete Fenster. Die warme Sommerluft tat ihr gut und in der Ferne deutete sich ein erstes zartes Morgenrot an. Es würde ein schöner Tag werden.

Sie schob den Stuhl dicht an das Fenster. »Stille Nacht, heilige Nacht« klang es ihr im Ohr, als sie schwer und müde auf dem Waschbetonpflaster aufschlug.

Angelika Jürgensen

Charlys blaues Herz

Für alle, die nicht mehr an den Weihnachtsmann glauben

»Hast du dir schon was gewünscht?«

»Ja«, sagte Charly und sah ihre Schwester Lieselotte aus Augen an, die so funkelten wie Pfützen, in denen ein großer Klecks blauer Himmel badete. Ihr kleines, milchbleiches Gesicht lag auf einem hoch aufgetürmten Kopfkissen, auf dem eine gelbe Sonnenblume zu sehen war. Ihre Blütenblätter umrahmten Charlys Köpfchen. Lieselotte fand, Charly sähe aus, als habe sie einen Heiligenschein, genau so einen wie die heiligen Männer in ihrer Kinderbibel.

»Was wünschst du dir, Charly?«

»Ich möchte gesund werden und wieder spielen können.«

Lieselotte nickte. Das verstand sie, sehr gut sogar. Aber sie glaubte, dass für diesen Wunsch der Weihnachtsmann nicht zuständig sei. Sie hatte einmal die Erwachsenen sagen hören, es müsse ein Wunder geschehen, wenn Charly noch einmal gesund werden sollte. Für die Wunder hingegen, das hatte sie in der Schule im Religionsunterricht bei Herrn Tümmler gelernt, waren der liebe Gott oder das Christkind, nicht aber der Weihnachtsmann, zuständig.

Außerdem wusste sie etwas, was sie ihrer Schwester nicht sagen durfte. Sie hatte es ihrer Mutter versprochen. Es gab gar keinen Weihnachtsmann!

Cläuschen, ihren kleinen Freund, den sie eines Morgens gefragt hatte, was er sich denn in diesem Jahr vom Weihnachtsmann wünsche, hatte ihr mit ernstem Gesicht versichert, es gäbe gar keinen. Hätte Tommy oder Dany ihr das erzählt oder die blöde dicke Lizzi nebenan, so hätte sie die drei ausgelacht. Tommy und Dany waren *dumme* Jungs, und Lizzi war – ihre Mutter nannte sie immer – ein etwas ›beschränktes, kleines Mädchen‹. Lieselotte wusste nicht so recht, was ›beschränkt‹ bedeutete, aber eines wusste sie genau: ihr Cläuschen war nicht beschränkt. Was er sagte, stimmte immer – na ja, fast immer. Und wenn er sagte, es gäbe keinen Weihnachtsmann, dann gab es ihn auch nicht! Oder doch? Gleich am Nachmittag nach der Schule hatte sie die Mutter gefragt, und die hatte erst nicht antworten wollen. Dann aber hatte sie genickt und etwas verlegen gesagt: »Aber verrat's nicht Charly, Charlotte ist noch so klein ... und so krank ... Wir wollen's ihr nicht sagen, nicht wahr, Lottchen?«

Auch Lieselotte hatte genickt. Ehrensache, großes Ehrenwort! Wenn es aber gar keinen Weihnachtsmann gab, warum erzählten dann die Erwachsenen allen Kindern etwas von einem Weihnachtsmann, von Rentierschlitten, Sack und Rute? Ihre Mutter war mit ihr ins Wohnzimmer gegangen, hatte ihr die Haare aus der Stirn gestrichen und gesagt: »Nun ja, so ganz genau weiß ich es auch nicht. Aber ich glaube, der Weihnachtsmann ist eigentlich Knecht Ruprecht, und Knecht Ruprecht ist der Freund und

Begleiter des heiligen Nikolaus. Zusammen sind die beiden mit einem Schlitten voller Geschenke durch die Gegend gezogen und haben arme Kinder beschenkt und die ungezogenen bestraft.«

Lottchen war erleichtert. Also hatte es doch mal so was wie einen Weihnachtsmann gegeben! Sie würde es Cläuschen gleich morgen sagen. Heute aber wollte sie erst einmal für ihre kranke Schwester, die noch nicht schreiben konnte, den Wunschzettel ausfüllen. Charly war mit ihren Schreibkünsten nicht sehr weit gekommen. Etwa beim G war sie krank geworden, immer müde und schwach, und der Arzt hatte gesagt, sie brüte wohl etwas aus... Lieselotte hatte sich Charly als Huhn vorgestellt, das ein Ei ausbrütete. Charly aber hatte nie ein Ei gelegt und statt eines Kükens einen schweren Husten, dann hohes Fieber bekommen, und irgendwie hatte sie seitdem gar nicht mehr das Bett verlassen können. Immer dünner war sie geworden, und ihre Beine erinnerten Lieselotte an Spargelstangen.

Manchmal hatte Lieselotte sie beneidet, weil Charly nicht zur Schule zu gehen brauchte und keine Hausarbeiten machen musste. Wenn sie aber nachdachte, so ganz lange und richtig nachdachte, wie Cläuschen es tat, bevor er sprach, dann schien ihr Charlys Leben doch recht langweilig. Charly hatte kein Cläuschen als Freund, dem man heimlich Zettel schrieb, wenn man keine Lust mehr zu den Rechenaufgaben an der Tafel hatte, oder mit ihr nachmittags durch die Parkanlagen strolchte und ihr manchmal beim Schreiben half. Da war sie wieder beim Schreiben und bei Charlys Wunschzettel... Lieselotte war jedoch beunruhigt, wenn sie an Charlys Wunsch dachte. Sie hatte nur diesen einen einzigen Wunsch, wieder gesund zu werden und spielen zu können. Ausgerechnet den konnte ihr der Weihnachtsmann oder Knecht Ruprecht oder der heilige Nikolaus – oder wer auch immer – nicht erfüllen.

»Charly, das geht nicht«, sagte sie. »Damit musst du dich an den lieben Gott oder an das Christkind wenden. Die machen Wun...« Sie verschluckte das Wort. Irgendwie schien es ihr falsch, in Gegenwart von Charly von Wundern zu sprechen. »Wünsch dir was anderes.«

Charly war sehr müde und schien enttäuscht; noch bevor sie aber wieder erschöpft einschlief, lächelte sie plötzlich und sagte zu ihrer Schwester: »Lottchen, ich glaube, ich komme bald in den Himmel. Dann möchte ich beim Weihnachtsmann lernen, wie man eine Weihnachtsfrau wird. Als Weihnachtsfrau komme ich euch dann jedes Jahr besuchen.«

Das fand Lieselotte so gut, dass sie ihrer Mutter gleich Charlys Wunsch mitteilte. Die Mutter wiederum erzählte abends dem Vater von Charlottes Plan. Der nickte. »Das wird er ihr bestimmt erfüllen«, sagte er mit Blick auf Lieselotte. Er wusste noch nicht, dass seine große Tochter nicht mehr an den Weihnachtsmann glaubte. Aber der Vater war ohnehin etwas zerstreut und erzählte, dass man in der Firma vor Weihnachten Leute entlassen müsse.

»Stellt euch vor, wir werden nicht einmal unsere Azubis übernehmen können.«

»Papa, was sind Azubis?«

»Auszubildende. Jungen und Mädchen, die bei uns einen Beruf erlernen, lernen, wie man ...«

»Wird Charly ein Azu...?«

»Azubi«, half ihr der Vater weiter.
»Ja, Azubi. Will sie ein Azubi werden?«
»Wer will was werden, Lottchen?«
Doch dann mischte sich die Mutter schnell ein und nickte: »Ja, unsere Charly möchte lernen, wie sie dem Weihnachtsmann helfen kann, all die vielen schönen Geschenke zu verteilen. Sie möchte eine Weihnachts-Azubi werden und andere Kinder glücklich machen. Und das wollen wir doch auch, nicht wahr, Lottchen?«
»Jaahaa.«
Noch gleich vor dem Zubettgehen würde sie Charlys Wunsch in Großbuchstaben auf die Wunschliste setzen. Also schrieb sie auf einen Zettel in goldener Schrift ganz ordentlich:

LIBER, LIBER WEIHNACHTSMANN
ICH MÖCHTE IM HIMEL LÄRNEN
WIE ICH EINE WEIHNACHTSVRAU WERDEN KAN.
ICH MÖCHTE DEINE AZUBI SEIN
ICH WÜNSCHE MIR EINEN ROTEN
MANTEL MIT EINER PÄLKAPPUZE
EINEN SCHLITTEN RUHTE UND SAK
UND DAFOR EIN RENNTIER

Sie zögerte etwas und las noch einmal alles durch. Sie würde Cläuschen erst einmal fragen müssen, wie man einige der schwierigen Wörter schriebe. Cläuschen runzelte dann auch kräftig seine Stirn am nächsten Morgen und verbesserte ihre Fehler.
»Uhui ... So viele?«

Am Nachmittag las sie Charly alles vor. Charly war nicht ganz einverstanden mit den Wünschen an den Weihnachtsmann.

»Ich will nur lernen. Ich will keinen Schlitten, Lottchen … Ein roter Mantel mit Kapuze, ja, das wäre schön …«
Also schrieb Lieselotte sorgfältig einen zweiten Zettel und reichte der Schwester das Blatt. Da stand nun fein säuberlich und fehlerfrei:

LIEBER, LIEBER WEIHNACHTSMANN!
ICH MÖCHTE IM HIMMEL LERNEN,
WIE ICH EINE WEIHNACHTSFRAU
WERDEN KANN. ICH MÖCHTE DEINE
AZUBI SEIN. ICH HÄTTE GERN SO
EINEN SCHÖNEN ROTEN MANTEL
MIT PELZKAPUZE WIE DU.

»Was ist eine Azubi, Lottchen?«, fragte Charly, als Lieselotte ihr noch einmal alles vorlas und ihre Finger dabei langsam unter den Wörtern entlangfuhren.

»Eine Azubi ist ein Kind, ein Mädchen, das etwas lernt«, erklärte Lieselotte, und Charly nickte. Ja, genau so eine Azubi wollte sie werden. »Hier, zeichne mal ein Herz daneben, dann weiß der Weihnachtsmann, du bist's.«

Die Mutter nannte Charly ›unser Herzchen‹ und zu ihr sagte sie immer: ›Lottchen, du bist unser Sternchen‹. Charly nahm einen blauen Buntstift aus der Dose, die ihr die Schwester gereicht hatte. Als sie jedoch das Herz malen wollte, kreischte Lieselotte: »Charly, alle Herzen sind rot.«

Ihre kleine Schwester schüttelte den Kopf und malte

unbeirrt ein blaues Herz neben die vielen goldenen Wörter, die sie nicht lesen konnte. »Mein Herz ist blau«, sagte sie. »Ich weiß es ganz genau.« Sie verriet nicht, dass sie einmal den Arzt hatte sagen hören: »Das ist ihr Herz ... Diese bläuliche Hautfarbe...«, oder so ähnlich ...

»O du fröhliche, o du ...« Es war Weihnachten. Wie an jedem Heiligabend kam der Weihnachtsmann auch in diesem Jahr zu Lieselotte und Charly. Er klingelte mit den Kirchturmglocken stürmisch um die Wette. Draußen schneite es in dicken silbrigen Flocken, die er mit seinen schweren Stiefeln durchpflügt hatte. Er trug einen langen roten, mit funkelnden Schneeflocken besetzten Mantel und in den Händen hielt er einen Sack. Ein wallender weißer Bart, der in kleinen Löckchen auf seine Brust fiel, umrahmte sein freundliches rotes Gesicht. Er hatte fröhliche dunkelbraune Augen und eine tiefe Stimme. Ein bisschen sprach er so wie Kostas Vater aus dem griechischen Restaurant unten an der Straßenecke, als er sich an Lieselotte wandte und sie fragte, ob sie denn immer artig gewesen sei. Lieselotte – jetzt doch ein wenig ängstlich – nickte, versuchte ihm aber schnell klarzumachen, dass sie nicht mehr an den Weihnachtsmann glaube. Zusammen traten sie dann an Charlys Bett. Der Weihnachtsmann hielt Charlys Hand fest in seinen großen Pranken. Lieselotte musste Charlys Wunschzettel noch einmal laut vorlesen, und der Weihnachtsmann versprach ihrer Schwester, aus ihr eine tüchtige Weihnachtsfrau zu machen, wenn die Zeit gekommen sei. »Noch aber, Charly, ist die Zeit nicht da ...«

Er legte ihr einen großen weichen Stoffelch in die Arme

und stellte zwei Malbücher auf den Nachttisch, die er aus dem Sack hervorgezaubert hatte. Auf einem bunten Gabenteller lagen viele Leckereien, die Charly wohl kaum allein naschen konnte, ohne dass ihr wieder ganz schlecht würde. Lottchen würde ihr kräftig dabei helfen müssen. Der Schwester überreichte er ein Clownskostüm, genau so eins wie Lieselotte es sich gewünscht hatte, und sie bedankte sich höflich bei dem Weihnachtsmann, obgleich sie doch nun wusste, dass ... Aber sie hatte ihrer Mutter etwas versprochen, und was man verspricht, das hält man. Ehrensache! Großes Ehrenwort! Dann stand der Weihnachtsmann auf, läutete noch einmal die Glocke in seiner Hand, drehte sich um, sagte: »Schlaf gut, Charly, und gute Besserung«, winkte und verschwand. Lieselotte schien es, als sei er traurig gewesen. Charly war danach sehr erschöpft, aber auch sehr glücklich eingeschlafen. Er hatte ihr versprochen, sie zu seiner Weihnachtsfrau zu machen!

»Mama, komm! Komm schnell, Mama ...« Lieselotte sah, wie sich ihre Schwester blau verfärbte. Vielleicht hatte Charly doch Recht gehabt, als sie in der Adventszeit auf dem blauen Herz bestanden hatte. Es sah schon *komisch* aus ... Der rasselnde Atem der kleinen Schwester machte ihr Angst. »Mama!« Die Mutter kam ins Zimmer gestürzt und hinter ihr folgte der Vater.

»Ich verständige den Arzt«, sagte Lieselottes Papa und lief aus dem Raum. Ein paar Minuten später betrat er wieder das Zimmer und nickte.

»Er kommt gleich.«

»Was ist, Mama? Du weinst ja.«

Es war inzwischen Vorfrühling geworden. Draußen blühten die Schneeglöckchen. Charly hatten sie ein paar Mal ins Krankenhaus bringen müssen. Zum Glück aber hatten die Eltern sie nach einigen Tagen immer wieder mit nach Hause nehmen dürfen. Lieselotte wusste, dass Charly nie mehr mit ihr im Garten herumtollen könnte, nicht mehr ganz gesund würde und eines Tages vielleicht sterben müsste. Ihr Hamster war gestorben. Kostas Hund war gestorben. Die Katze des Onkels war überfahren worden, und sogar Cläuschens Fische waren eines Morgens tot. Charly aber würde nicht tot sein, nicht ein für alle Mal sterben! Sie würde eine Weihnachtsfrau werden. Daran wollte nun auch Lieselotte ganz fest glauben. War der Augenblick gekommen? Lieselotte begann zu zittern. Es dauerte nicht lange, da wurde an der Tür geklingelt.

»Ich gehe«, sagte die Mutter. »Lottchen, du bleibst mit dem Papa bei Charly, hörst du!«

Der Ton der Mutter duldete keinen Widerspruch. Lieselotte blieb unschlüssig neben dem Bett stehen, bis ihr Vater sie auf seinen Schoß zog und sie fest an sich drückte. Sein Brustkorb hob und senkte sich heftig. Charly hatte sich ein wenig erholt, die blaue Farbe war gewichen, der Atem floss flach. Nun sah sie schon fast wieder normal aus, bleich wie das Bettlaken und so schmal, dass man sie auf dem hoch aufgetürmten Kopfkissen suchen musste. Aber ihre Augen hatten sich weit geöffnet, Augen so blau wie die königsblaue Tinte in Lottchens Tintenfässchen.

»Nun holt er mich ab«, hauchte sie.

»Wer?«, fragte Lieselotte und biss sich gleich darauf auf die Unterlippe, denn sie wusste, wen die Schwester meinte.

Wie enttäuscht sie wohl wäre, wenn sie wüsste ... Tränen quollen ihr aus den Augen. Arme Charly! Draußen hörte sie Stimmen, die Stimme ihrer Mutter, die sehr eindringlich auf jemanden einredete, und eine andere, dunklere, die jetzt antwortete: »Gern tu ich's nicht, aber für ...«, dann hörte sie Schritte, die sich entfernten, und eine Tür, die ins Schloss fiel. Es wurde ganz still in der Wohnung. Nur hier, in Charlys Raum, am Kopfende ihres Bettes, hörte man das unaufhörliche ›Ticktack, ticktack, ticktack‹ der Kuckucksuhr, die ihr die Tante aus dem Schwarzwald geschenkt hatte, als sie erfahren hatte, wie krank Charly war.

Nach etlichen Minuten näherten sich leichte Schritte. Eine Sekunde später, als die Tür aufging, stand auf der Türschwelle ... der Weihnachtsmann im roten Mantel und einer pelzbesetzten Mütze, die Lieselotte bekannt vorkam. In der einen Hand hielt er einen Zettel, Charlys Wunschzettel, in der anderen einen kleinen Sack. Der Bart hing etwas schief im Gesicht, und unter dem Umhang entdeckte Lieselotte Jeans und an den Füßen Turnschuhe. Sie atmete ganz tief durch. Sie war plötzlich erleichtert, fast glücklich, und wieder rollten Tränen ihre Wangen hinunter.

Der Weihnachtsmann beugte sich über ihre kleine Schwester, nahm ihre Hand, fühlte den Puls, strich ihr liebevoll über die heiße Stirn und nickte.

»Ja«, sagte er, »Charly, ich glaube wir müssen jetzt abreisen. Du möchtest eine Weihnachtsfrau werden. Nun kann ich dir den Wunsch erfüllen! Ich habe dir etwas mitgebracht«, und aus dem Sack zauberte er einen kleinen, glänzend roten, an den Ärmeln und der Kapuze watteumsäumten Umhang, den er auf Charlys Bett ausbreitete.

»Schau, Charly, genau so wie du ihn dir gewünscht hast.«

Lieselotte fand, dass Charly schon fast wie eine Weihnachtsfrau aussah, und es fiel ihr leicht, sich ihre kleine blasse Schwester dort oben im Himmel gesund und lebhaft wie vor ihrer bösen Krankheit als – wie hieß dieses blöde Wort doch noch? – als Azu… vorzustellen.

»Im nächsten Jahr bist du wieder hier und zeigst deiner großen Schwester Lieselotte, wie viel du schon gelernt hast. Nicht wahr, Lottchen, das möchtest du doch auch? Lasst uns jetzt alle Abschied nehmen. Der Schlitten wartet draußen.«

Achim Klein

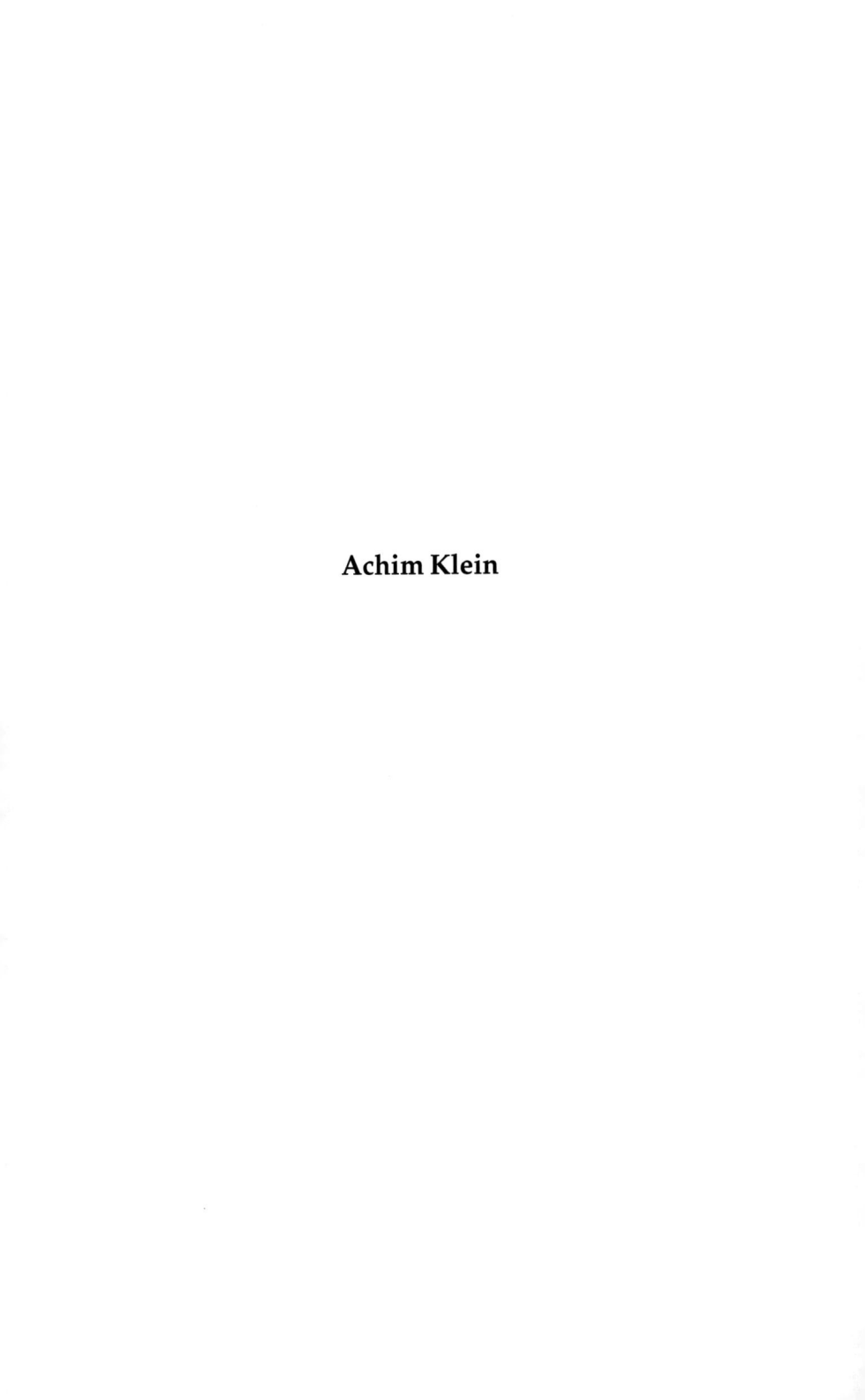

Der Büro-Tower erstrahlt im Licht,
verleiht der Stadt ein neu' Gesicht,
nein, nein, das ist es nicht!
Vielleicht die Perspektive, die andere Sicht?

Der Glanz vor allem auf dem Dach,
da werden gleich Gefühle wach:
Man blickt hinauf und wird ganz schwach,
Ist der Tower eine Kerze? ... ach!

Der Weihnachtsmann geht in Rente

Eine Studie aus den USA ging der Frage nach, wie viele und welche Menschen in der Vorweihnachtszeit bei Santa Claus Schlange standen.

Dabei stellte sich heraus, dass sich die Erwachsenen mehr über und auf den Weihnachtsmann freuten als die Kinder in ihrer Begleitung.

Bei der Studie wurde der Gesichtsausdruck der Kinder und der Erwachsenen anhand einer Skala bewertet. Die Skala wurde in sechs Stufen eingeteilt mit der Differenzierung: hocherfreut, erfreut, indifferent, zögerlich, traurig und panisch.

Circa 75 Prozent der Kinder wirkten indifferent, 16 Prozent zögerlich und nur 5 Prozent erfreut.

Im Vergleich dazu wirkten 68 Prozent der Erwachsenen erfreut und ungefähr 20 Prozent hocherfreut.

Der Grund für diesen Unterschied wird auf das Wertesystem zurückgeführt, und zwar hauptsächlich auf den kulturellen Einfluss auf dieses System.

Die traditionellen Institutionen Familie und Kirche sind stark in den Hintergrund getreten.

Die Kinder betrachten den Weihnachtsmann lediglich als ein Symbol, die Erwachsenen sehen sich eher als Mitwirkende der Weihnachtsgeschichte.
Schicken wir also den Weihnachtsmann in Rente!
Wenn dabei die eigentliche Bedeutung von Weihnachten, nämlich die Geburt Jesu, wieder in den Mittelpunkt gerückt wird, dann ist das sicher kein Verlust, sondern ein beachtlicher Gewinn!

Der Weihnachtsstress

Abgehetzt und etwas kurzatmig bereitet die Mutter das Weihnachtsessen vor. Der Vater setzt den Christbaum in den Ständer und holt die Weihnachtsbaumdekoration aus dem Keller. Die Kinder streiten sich über das Fernsehprogramm.
Ist das die richtige Vorbereitung auf das Weihnachtsfest, das Fest der Liebe?
Ist es verwunderlich, wenn nach einer so gestalteten Vorbereitung der Heilige Abend mit Enttäuschung und Krach endet?
Man kann es nicht glauben, aber Telefonseelsorge und Familienberatungsstellen haben in der Weihnachtszeit Hochkonjunktur. Psychologen bestätigen, dass in vielen Familien die Erwartungen an das Fest zu groß, oft überzogen sind. Dann werden schon kleine Enttäuschungen für viele Menschen unerträglich, und sie stöhnen:
»Ich halte das nicht aus, warum gibt es in meinem Leben so wenig Harmonie?«
Diese Frage ist in einer Zeit, in der das Streben nach Liebe und Harmonie besonders stark ist, durchaus berechtigt.
Warum ruht aber ein solcher Zwang vor dem Weihnachtsfest auf den Familienmitgliedern? Eine Antwort darauf ist sicher die,

dass das größte Problem die Befürchtung ist, jemanden zu kränken.

Hohe emotionale Werte hängen z. B. daran, das traditionelle Festtagsessen richtig zu bereiten und zu servieren.

Das Vorsingen von Weihnachtsliedern kann für Kinder zur Qual werden.

Auch sollte die Familie nicht die ganze Zeit im Haus verbringen, damit keinem die Decke auf den Kopf fällt. Alle Familienmitglieder sollen während der Festtage Zeit für sich selbst haben und auch ihren Hobbys nachgehen.

Weihnachten ist keinesfalls der richtige Zeitpunkt, um Bilanz über das vergangene Jahr zu ziehen und Zukunftspläne zu schmieden.

Schwierig sind die Festtage für Kinder, deren Eltern sich getrennt haben oder auch für Singles, denn circa 85 Prozent der Bevölkerung sehen in Weihnachten ein Familienfest.

Dass Weihnachten die Geburt Jesu gefeiert wird, spielt für viele Menschen kaum noch eine Rolle.

Wer aber den christlichen Sinn des Weihnachtsfestes nicht verinnerlicht hat, der darf vom Fest nicht allzu viel erwarten: Weihnachten macht nicht automatisch besinnlich!

Der Weihnachtsmann macht Überstunden

»Alle Jahre wieder ...«, ertönt es unter dem Weihnachtsbaum, und alle Jahre wieder liegen Geschenke unter dem Baum, bei denen man sich überwinden muss, ein »Oh, wie schön« über die Lippen zu bringen. Dazu zählen der Dreierpack warmer Unterhosen, Socken, unerträgliches Parfüm, Eierkocher oder Apfelausstecher, natürlich auch zum dritten Mal das neue »Harry Potter«-Buch.

Doch viele Menschen üben sich nicht in gequälter Freude,

sondern stellen sich die Frage: »Wie werde ich das Geschenk unbemerkt wieder los?«
Die Idee ist genial: das Internet.
Der virtuelle Marktplatz Ebay ist die Lösung. Hier können Tausende Geschenke einen neuen Besitzer finden.
Ebay hat bestätigt, dass das Angebot zu Weihnachten deutlich ansteigt. Das beginnt schon am Heiligen Abend. Geschenke wechseln im Sekundentakt den Besitzer.
Besonders häufig sind es Bestseller, weil der Beschenkte sie doppelt oder sogar dreifach bekommen hat.
Unter circa 16 Millionen Ebay-Nutzern in Deutschland findet sich sicher einer, der das Angebot nutzt.
Es gibt ein Online-Auktionshaus, das vom 27. bis zum 30. Dezember eine eigene Weihnachts-Versteigerung missglückter Geschenke startet. Hier kommen selbst gestrickte Socken, dicke Pullover, aber auch Handys und Digitalkameras unter den Hammer.
Eine junge Dame hat sogar eine Reise erfolgreich versteigert, die sie von ihrem Freund geschenkt bekommen hatte. Der Grund war: Das Paar hatte sich zu Weihnachten getrennt.
Es gibt Klubs, die Dampfbügeleisen, Krawatten, Kerzenständer, Blumenvasen und elektrische Geräte eintauschen, und dabei wird aus dem Geschenkfrust oft ein lustiger Abend.
In der historischen Stadt Celle findet auf dem Weihnachtsmarkt eine Geschenke- Tauschbörse statt, so dass der Weihnachtsmann oft Überstunden machen muss, schließlich hat er ja die nicht passenden Geschenke verteilt.
Ein Wunsch konnte allerdings nicht erfüllt werden: Ein Kind wollte seinen Papa gegen einen anderen Vater eintauschen, weil es kein Fahrrad bekommen hatte.
Auch wird gemunkelt, dass der Versuch, die eigene Schwiegermutter gegen eine andere einzutauschen, bislang nicht gelungen ist.

Klaus Mattern

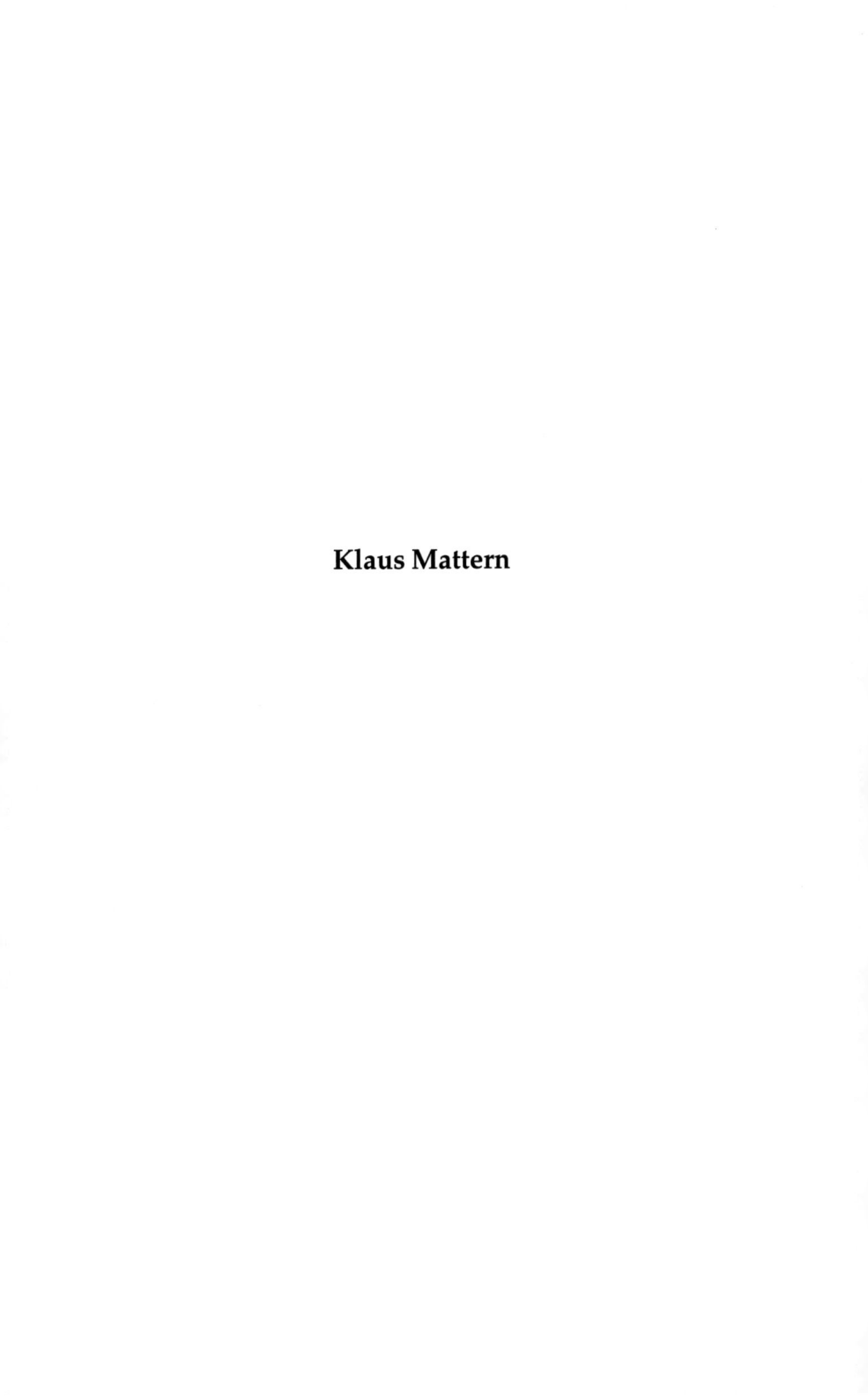

Winter

Weiß soll die Stadt im Winter sein,
weiß das Dorf im Sonnenschein!
So steckt das Bild im Kopf mir drin,
so raubt der Winter mir den Sinn!

Eis – wunderschön – kann man nur im Winter seh'n.
Der Himmel wirft die weißen Flocken,
Um Menschen aus dem Haus zu locken!
Das Spiel im Schnee
Die schönen Lieder kehr'n jedes Jahr im Winter wieder.

Zimtduft, die Weihnachtszeit
hält manches Schönes bereit.
Ofenfeuer, das lodernd brennt,
Gedanken, die noch niemand kennt,
Romantik in der weißen Welt.
Ja, das ist das, was mir gefällt!

Das andere Weihnachtsfest

Den ganzen Tag lang war sie schon voller Freude. Sie hatte gebacken, gekocht und gebrutzelt und alles so schön hergerichtet, bis die Wohnung strahlte wie die Feststube beim Christkind. Es war ja auch ein besonderes Ereignis. In diesem Jahr wollen ihre Freunde zum ersten Mal den Weihnachtsabend bei ihr verbringen. Zuerst fuhr sie immer zu ihnen und genoss all die Leckereien, vor allem das Beisammensein. Aber in diesem Jahr waren sich alle einig gewesen: »Wir feiern bei dir!«

Und nun war es bald soweit. Sie hatten sogar den Tisch festlich gedeckt, und als wäre das alles noch nicht genug, begann es in diesem Augenblick, gerade als die Dämmerung ein seidiges Tuch über die Stadt legte, sanft zu schneien. Glitzernde Sterne rieselten auf die Erde herab und verwandelten Bäume und Sträucher in eine Märchenwelt.

Da klingelte das Telefon:
»Oh Liebes, ich hoffe, du bist mir nicht böse, aber mir ist heute so seltsam zumute. Ich glaube, ich muss an diesem besonderen Abend einmal für mich sein. Das verstehst du doch?«
»Aber ja, Anna«, sagte sie beruhigend. »Mach dir keine Sorgen, wir werden alle an dich denken.«

Kaum hatte sie den Hörer aufgelegt, da klingelte das Telefon schon wieder. Es war Florian:
»Es tut mir leid, aber wir können auf keinen Fall kommen. Susi hat eine Grippe und liegt auf dem Sofa. Und was nun? Ich kann sie an so einem Tag natürlich nicht alleine lassen, oder?«
»Nein, ganz bestimmt nicht!«
Als das Telefon zum dritten Mal schellte, wurde sie etwas unruhig, sollte tatsächlich ... Diesmal war es Ingrid – sie hatte gerade

das ganz starke Gefühl, sich mehr um andere kümmern zu müssen.
»Weißt du, heute Nacht fahr ich einfach mal in die Stadt und guck, wer kein Zuhause hat und auf der Straße unterwegs ist. Ich will nur da sein und helfen. Wann soll man das tun, wenn nicht zu Weihnachten?! Ja wann, wenn nicht heute? Du feierst ja schön mit den anderen. Grüß alle von mir.«
Und weg war Ingrid.

Aber die anderen kamen auch alle nicht. Niemand kam. Jeder hatte plötzlich so Wichtiges vor, dass sie nach fünf weiteren Telefongesprächen ganz alleine dastand und wusste, dass sie in ihrem geschmückten Zuhause auch alleine bleiben würde. Völlig matt fiel sie auf einen Stuhl. Die Freunde hatten sie sitzen lassen, und das in allerletzter Minute.

Jetzt konnte sie nicht einmal irgendwo hingehen. Sie fühlte sich grenzenlos einsam. Das Essen wurde kalt, der Braten verbrutzelte und nicht eine einzige Kerze zündete sie an. Sie war enttäuscht, ja schlimmer noch, sie fühlte sich wie ein überflüssiges Möbelstück. Wie lange sie so dagesessen hatte, wusste sie nicht. Aber irgendwann hielt sie es nicht mehr aus. Halb benommen ging sie in den Flur, zog Schuhe und einen dicken Mantel an und dann ging sie los. Die Straße entlang, quer über die Wiese und in den Wald hinein. Der Schnee knirschte unter ihren Füßen und die tanzenden Flocken wirbelten um sie herum. Sie ging immer weiter, ohne zu wissen, wohin. Immer weiter.

Bis mit einem Mal eine feine Rauchfahne vor ihr aufstieg und sie vor einem spitzen Haus mitten in einer unbekannten Gegend stand, was nun? Sollte sie einfach mal anklopfen? Gerade als sie die Hand hob, bemerkte sie, dass die Tür einen Spalt offen stand. Und bevor sie weiterdenken konnte, hörte sie eine Stimme reden: »Nur herein, und herzlich willkommen!«
Gleich werde ich aufwachen und alles bloß geträumt haben, dachte sie, aber nein, es war kein Traum. In einer warmen Stube

saß eine lachende Gesellschaft um einen runden Holztisch herum. Ein winziger Tannenbaum über und über mit Kerzen geschmückt. Die Lichter strahlten mit fröhlichen Gesichtern um die Wette.
»Na komm!«, rief ihr jemand zu. »Setz dich zu uns. Dir ist doch bestimmt kalt.«
Im nächsten Moment landete ein Becher mit dampfendem Tee vor ihrer Nase. Es duftete nach Zimt und Vanille. Auf dem Tisch stand eine Schüssel mit Rosinenbrötchen, die so krumm und schief geformt waren, dass es lustig anzusehen war. Die Teller auf dem Tisch passten alle nicht zusammen, die Becher hatten Sprünge, an einigen fehlten sogar die Henkel. Und eine Tischdecke gab es schon gar nicht. Aber das störte niemanden.
»Greif zu, es ist noch genug da ...«
Und sie griff zu. Es schmeckte köstlich!

Nach dem Essen fassten sich alle an den Händen, sangen und tanzten durch die Stube. Es war eine Weihnachtsfreude, wie sie sie nie zuvor erlebt hatte. Und sie gehörte dazu, einfach so, als wäre sie immer schon da gewesen.

Sie staunte, wie sie selbst Geschichten erzählte und alle mit ihr lachten, wie wichtig es den anderen war, ihr zuzuhören und sie war glücklich. Tief in der Nacht, als es schließlich Zeit war zu gehen, nahm sie jeder in die Arme, Wärme und Geborgenheit umhüllte sie, sie war eine von ihnen geworden.
»Ich habe so viele schöne Dinge zu Hause und nun konnte ich gar nichts davon mitbringen«, sagte sie beim Abschied.
»Doch«, antwortete die Älteste in der Stube, »das Beste von allem hast du dabei, dich selber.«

Sie brachten sie noch bis zum Ende des Waldes. Es waren seltsamerweise nur ganz wenige Schritte, bis sie wieder vor ihrer Tür stand. So nahe. Und doch eine ganz andere Welt, eine Weihnachtswelt, die sie mit ihren neuen Freunden erlebt hatte.

Gerhard Opfer

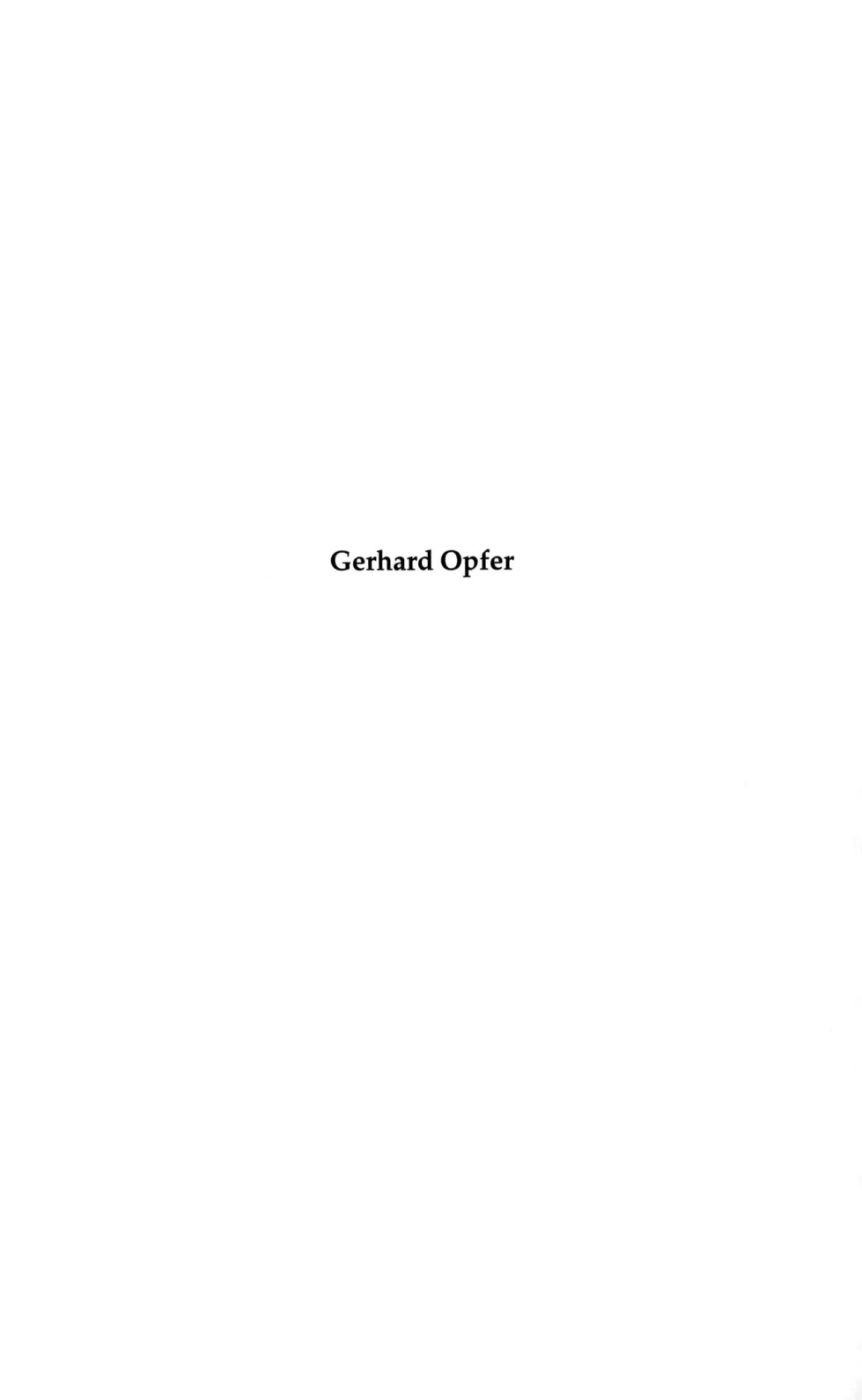

Heiligabend

Von Ferne klingen Weihnachtsglocken
Der Vater schleicht auf leisen Socken
Durchs ganze Haus und sucht verschreckt
Wo die Geschenke er versteckt

Vom letzten Jahre noch gewarnt
Hat er sie heuer gut getarnt
Damit, verborgen vor den Lieben
Sie auch bis Heiligabend blieben

Jedoch, so geht's im Leben halt
Der Vater wird allmählich alt
Und gerade vor dem Weihnachtsfeste
Ist sein Gedächtnis nicht das Beste

So sehr er sich auch überlegt
Wo er die Gaben hingelegt
In welchen Schrank, in welche Ecke
Er findet nicht mehr die Verstecke

Bescherung ist in einer Stunde
Drum macht noch einmal er die Runde
Und schleicht durchs Haus, auf leisen Socken
Von Ferne klingen Weihnachtsglocken

Gerhard Opfer

Als das Christkind streiken wollte

Emsiges Treiben herrschte in der himmlischen Weihnachtswerkstatt. Heerscharen großer und kleiner Engel waren fleißig mit Hämmern, Schrauben und Sägen oder anderen wichtigen Arbeitsvorgängen beschäftigt. Derweil saß das Christkind an einem riesigen, mit Bergen von Wunschzetteln überladenen Schreibtisch und hatte sich mit krauser Stirn in die Lektüre derselben vertieft. Plötzlich rief es verärgert: »Das ist nun aber wirklich die Höhe! Nicht zu fassen! Eben ist es genug!« Dabei ließ es seine zierliche Faust mit solcher Vehemenz auf die Schreibtischplatte niederkrachen, dass es das Hämmern, Schrauben und Sägen übertönte und bis in den letzten Winkel der Weihnachtswerkstatt zu vernehmen war.

Verdutzt und erschrocken stellten die Engel die Arbeit ein.

»Für wen, bitte schön, halten die sich da unten auf der Erde eigentlich?«, rief das Christkind aufgebracht. Es hatte sich aus seinem Sessel erhoben und damit begonnen, mit langen Schritten den Schreibtisch zu umrunden. »Ab sofort ist meine Geduld mit diesen undankbaren Geschöpfen erschöpft«, schimpfte es, immer lauter werdend. »Ich werde diesen Egoisten eine Lektion erteilen, an die noch Generationen zurückdenken werden.«

Die Werkstatttür öffnete sich und Petrus trat mit besorgter Miene ein.

»Was machst du denn für ein entsetzliches Geschrei,

mein liebes Christkind? Du bist ja bis zur Himmelspforte zu hören.«

»Sieh dir das hier mal an.« Das Christkind hatte in seinen Schreibtischumrundungen innegehalten und wedelte Petrus aufgeregt mit einem Wunschzettel vor der Nase herum.

»Die Menschen, sie werden mit jedem Jahr dreister und schrauben ihre Ansprüche in schier himmlische Sphären. Darüber hinaus benehmen sie sich wie die Banausen. In der Adventszeit sind sie vom Konsumrausch besessen, von Besinnlichkeit nicht die Spur. Sogar sonntags balgen sie sich jetzt schon in den Kaufhäusern. Und weißt du, was das Schlimmste ist? Ein Gutteil dieser Einfallspinsel kennt schon nicht mehr die wahre Bedeutung des Weihnachtsfestes. Es ist zum Flügelausreißen!«

Sanft nahm Petrus dem aufgebrachten Christkind den Wunschzettel aus der Hand.

»Wollen doch mal sehen«, murmelte er. »Einen Geländewagen für den Vater, eine Luxusküche für die Mutter, ein Reitpferd für die Tochter, einen Computer und ein Mountainbike mit zwanzig Gängen für das Söhnchen. – Fürwahr, ein wirklich starker Tobak.«

Petrus reichte den Wunschzettel zurück.

»Das ist keineswegs die Ausnahme.« Das Christkind breitete die Arme aus. »Überzeug dich selbst. So oder ähnlich sieht die Mehrzahl der Wunschzettel aus.«

»Und was gedenkst du dagegen zu unternehmen?«, fragte Petrus neugierig.

»Nichts. Ich werde NICHTS unternehmen!«

»Hm«, brummte Petrus, nickte bedächtig und schickte sich an, die Weihnachtswerkstatt zu verlassen.

»Du hast mich nicht richtig verstanden«, vernahm er die Stimme des Christkinds in seinem Rücken.
»Ich denke schon. Du sagtest, du würdest nichts ...!?« Petrus verharrte und zuckte zusammen. »Soll das etwa heißen ...? Du hast doch nicht etwa vor ...«
»Doch, genau das habe ich vor, mein lieber Petrus. Ich habe beschlossen zu streiken!«
»Du ... du hast beschlossen zu streiken?«
Ein ungläubiges Raunen ging durch die Reihen der Engelschar.
»Unmöglich! Wie stellst du dir das vor?«
»Ganz einfach. Dieses Jahr lasse ich die Bescherung an Heiligabend ausfallen. Die Menschen werden auf ihren Gabentischen nichts weiter als einen Brief von mir vorfinden, in dem ich ihnen ihre Narreteien und Torheiten haarklein unter die Nase reibe. Das wird sie wieder zur Vernunft bringen.«
»Mein liebes Christkind, die Menschheit lebt schon solange ich denken kann bar jeglicher Vernunft. Du wirst mit deiner unüberlegten Aktion alles nur noch schlimmer machen.«
»Unüberlegt, sagst du«, grollte das Christkind. »Ich habe alles bis ins Detail durchdacht und nicht einmal die himmlischen Heerscharen werden mich von meinem Entschluss abbringen.«
»Ist das dein letztes Wort?«
»Mein allerletztes!«
»Dir ist klar, dass ich diese Ungeheuerlichkeit unverzüglich dem Chef melden muss«, gab Petrus zu bedenken.
»Dann geh und tu deine Pflicht«, entgegnete das Christkind knapp und angelte sich ein großes Stück Manna von einem Weihnachtsteller.

»Tut mir außerordentlich leid, lieber Petrus.« Mit bedauerndem Schulterzucken eilte der diensthabende Engel des himmlischen Chefsekretariats dem ungeduldig Wartenden entgegen. Er, der Engel vom Dienst, habe dem Chef die unangenehme Sache vorgetragen, recht eindringlich sogar. Aber der Chef habe die Order gegeben, ihn, Petrus, mit der Lösung des Problems zu betrauen. Nach Ansicht des Chefs könne es wohl nicht allzu schwierig sein, dem Christkind seinen törichten Plan auszureden oder aber eine adäquate Vertretung für dessen Geschäfte zu finden. Er, der Chef, habe wahrlich weitaus Wichtigeres zu tun.

Damit hatte der bedauernswerte Petrus, obwohl völlig unverschuldet in dieses Dilemma geschlittert, den Schwarzen Peter.

Der Nikolaus war der Erste, dem Petrus seine Aufwartung machte. Der aber sagte auf der Stelle und unmissverständlich »NEIN« und verschanzte sich hinter seinen chronischen Rückenbeschwerden. Außerdem sei er von seiner eigenen, jährlich beschwerlicher werdenden Tour eben erst zurückgekommen und völlig ausgelaugt und tierisch gestresst.

Und auch all die Engel in gehobenen Positionen, die Petrus als geeignete Christkindvertretungen auf seiner Liste hatte, lehnten mit den fadenscheinigsten Begründungen und Ausreden ab und legten eine nie zuvor gezeigte Geschäftigkeit an den Tag.

So blieb dem guten Petrus schließlich keine andere Wahl, als den Himmlischen Rat einzuberufen, der das Problem des drohenden Christkindstreiks wiederum einstimmig zur Chefsache erklärte.

Der alte Herr, ungehalten und nunmehr beunruhigt

über den offensichtlichen Ernst der Lage und die damit verbundene Tragweite der Affäre, ergriff nach einer Weile des Nachdenkens eine höchst bemerkenswerte Maßnahme.

Ein Eilengel wurde ausgeschickt und geleitete das Christkind zur außerordentlichen Sitzung des Himmlischen Rates.

Auch Petrus war zugegen und winkte das Christkind mit sorgenvoller Miene an seine Seite.

Die Mitglieder des Rats hatten bereits Platz genommen, ein Protokollengel machte sich an seinem Pult zu schaffen.

Erst jetzt bemerkte das Christkind den gemächlich auf und ab schreitenden, sonderbar gekleideten Fremden. Dieser trug einen leuchtend roten Umhang, darunter ein pechschwarzes Gewand. Der perfekt frisierte Haarschopf und die Ebenmäßigkeit seiner Züge ließen das Gesicht alterslos erscheinen.

Der Fremde hielt in seiner Wanderung inne und maß das Christkind mit einem abschätzenden Blick. Es war ein spöttischer Blick aus dunklen, funkelnden Augen.

»Wer ist dieser Fremdling?«, fragte das Christkind unbehaglich.

»Ein Advokat!«

»Ein Advokat?«

»So ist es. Ein Advokat. Einer von unten.«

»Von unten?«

»Ja, von gaaanz unten! Auf ausdrückliche Anforderung vom Chef.«

Das Christkind musterte den Advokaten verstohlen und sein Unbehagen wuchs.

»Ist er wegen meiner Angelegenheit heraufgekommen?«, fragte es Petrus.

»Was für eine Frage. Natürlich, wegen wessen Angelegenheit sonst!«
»Aber wir verfügen doch über eigene, ich meine, hauseigene Advokaten.«
»Die allesamt keinen Deut taugen«, ergänzte Petrus bitter. »Die wirklich Brillanten dieser Zunft landen früher oder später alle bei der Konkurrenz.«

Die Sitzung wurde eröffnet und dem Advokaten das Wort erteilt.

»Werte Herrschaften.« Der Advokat war bemüht, seiner Stimme einen geschmeidigen und einschmeichelnden Tonfall zu verleihen. »Lassen Sie uns ohne Umschweife zur Sache kommen. Meine Abordnung vor dieses hohe Gremium lässt Sie ermessen, wie ernst es auch meiner Organisation mit der Beseitigung dieses delikaten Problems ist. Um es klar und deutlich auszudrücken: Verehrtes Christkind, ich habe den Auftrag, Ihnen Ihre Schnapsidee eines Streiks auszureden.«

Das Christkind hob zu einer Erwiderung an, aber der Advokat stoppte es mit einer energischen Handbewegung.

»Jawohl, eine Schnapsidee! So bezeichnen es jedenfalls die Chefs unserer beiden Organisationen in geschlossener Einmütigkeit und keiner von ihnen ist bereit, Ihr törichtes Verhalten zu dulden, unter keinen Umständen.«

»Was geht unser Heiliger Abend ausgerechnet Ihre Organisation an«, begehrte das Christkind auf.

»Mehr, als Sie zu denken vermögen. Ihr Streik könnte ungeahnte Folgen nach sich ziehen und das Gleichgewicht der Mächte nachhaltig zerstören.«

»Ich fürchte, ich kann Ihnen nicht ganz folgen«, entgegnete das Christkind.

Der Advokat lächelte nachsichtig. »Wenn ich mich nicht irre, besteht das Ziel Ihrer geplanten Aktion darin, den Menschen auf Erden eine Lektion zu erteilen.«
»Richtig! Und genau dieses Ziel werde ich erreichen.«
»Falsch! Dieses Ziel werden Sie mitnichten erreichen. Und wissen Sie auch warum? Weil Sie keinerlei wirkliche Kenntnisse über die Menschen besitzen. Sie haben nur in der Weihnachtszeit Kontakt zu ihnen und da zeigen die Menschen alles andere als ihren wahren Charakter ...«
»... der Ihnen allerdings bestens bekannt ist«, unterbrach das Christkind.
»Worauf Sie sich verlassen können. Aber lassen wir die Haarspaltereien. Folgendes Szenarium tritt ein, wenn Sie Ihren Streikplan in die Tat umsetzen:

Es ist Heiligabend und die Menschen entdecken auf ihren Gabentischen nichts weiter als die Briefe, Ihre Briefe. Zunächst wirkt der Inhalt in der Tat wie ein Schock für die da unten. Aber schon wenig später wird dieser Schockzustand umschlagen in Ärger und Empörung, dann in blanke Wut, schon alleine all der nervenden und lamentierenden Kinder wegen. Diese Wut der Menschen richtet sich zunächst alleine gegen Sie, bald aber schon gegen Ihre gesamte Organisation.

Medien, Politiker, Wissenschaftler und sonstige Experten melden sich zu Wort und plötzlich tragen Sie die Schuld an allem Elend auf der Welt. Die Menschen hören auf, an Sie und Ihre Organisation zu glauben.

Ist das erst einmal geschehen, nehmen sie sich unsere Organisation vor und ziehen deren Existenz in Zweifel. Das Ende vom Lied ist: Die Menschen hören auf zu glauben und sie hören auf, sich zu fürchten. Haben sie aber erst einmal Glauben und Furcht verloren, vermögen sie nicht mehr zwischen Gut und Böse zu unterscheiden. Die Welt versinkt in einem solchen Chaos, wie selbst wir es uns nicht vorzustellen vermögen. Millionen orientierungsloser Seelen irren durchs Universum.

Das bedeutet das Ende für Sie und für uns. Die Katastrophe, der Super-GAU, herbeigeführt durch eine Laune des Christkinds.«

Bei diesen seinen letzten Worten wirbelte der Advokat herum, mit dem ausgestreckten Arm anklagend auf das Christkind zeigend.

»Niemals!«, verteidigte sich das Christkind aufgeregt. »Nie und nimmer wird es so kommen. Die Menschen lieben den Heiligen Abend, den Brauch der Bescherung. Sie werden sich meine Ermahnungen zu Herzen nehmen und innere Einkehr halten. Niemals werden die Menschen auf Heiligabend verzichten wollen.«

»Das werden sie auch nicht, ganz und gar nicht«, entgegnete der Advokat. »Die Menschen werden sich um einen Ersatz für Sie bemühen.«

»Einen Ersatz! Für mich?«, lachte das Christkind auf. »Es gibt keinen Ersatz für mich!«

»Sie irren sich erneut«, schmunzelte der Advokat. »Ich kenne da jemanden, der nur allzu gerne bereit wäre, Sie zu ersetzen – und zwar auf der Stelle.«

»Und wer bitte soll das sein? Sie machen mich neugierig.«

Triumphierend blickte der Advokat in die Runde. »Nun, da gibt es auf der Erde diesen weltbekannten Limonadenkonzern und dessen rot gewandeten – HO HO HO – Weihnachtsmann, der ...«

»… NEIN!« Ein vielstimmiger Entsetzensschrei hallte durch das himmlische Ratsgewölbe.

»Wollen Sie es so weit kommen lassen?«, setzte der Advokat nach. »Unsere beiden Chefs jedenfalls wehren sich unisono gegen eine solche katastrophale Entwicklung. Sie fordern Sie … nein, Sie befehlen Ihnen in aller Schärfe, augenblicklich mit Ihren Mätzchen aufzuhören und Ihren Job zu erledigen. Denn Sie haben keine Chance, die Menschen zu ändern.«

Und so blieb schließlich alles, wie es schon immer war. Das Christkind begrub seine Streikpläne und meisterte die heikle Aufgabe der Bescherung an jenem Heiligen Abend mit besonderer Bravour.

Die Gefahr eines Limonaden-Weihnachtsmann im roten Gewand an seiner Stelle war wohl ein für alle Mal gebannt.

Und die Menschen? Sie verlebten ein friedvolles Weihnachtsfest, um sich danach um so vehementer in den Alltagsdschungel mit all seinen guten und bösen Eigenschaften zu stürzen.

Das Gleichgewicht der Mächte blieb gewahrt und beide Organisationen, die von oben und die von unten, waren zufrieden.

Inge Peters

Ginkgo Polonia

Weltenbaum
Lebende Legende
Heiler und Heiliger
Einsamer Du

Wanderer aus dem All
Und zwischen den Zeiten
Mahnmal für die Liebe
In Schönheit durchströmt
Von urtümlicher Kraft

Ginkgo Polonia
Weltenbaum
Heiler und Heiliger
Einsamer Du

Bethlehem
A.L. gewidmet

Staunend bin ich zurückgekehrt
aus fernen aus nachtdunklen Tagen
staunend lerne ich nun
das Leben das Freuen das Fragen

Staunend lerne ich schauen
die Erde die Sonne das Licht
staunend geöffnete Augen
mit neuer ganz klarer Sicht

Staunend höre ich Klänge
in mir in dir überall
verbindet Musik über Grenzen
mit frohem himmlischem Schall

Staunend lerne ich fühlen
was dich und mich vereint
Hände zum Halten und Heilen
so sind sie gemeint

Staunend öffnen sich Herzen
dem Leben der Liebe dem Licht
weihnachtlich leuchtet die Erde
in neuer ganz klarer Sicht

Fuhrmann

In herbstlichen Tagen
in sternenklarer Zeit
ist der Himmel uns nahe
und das Herz so weit.

Es flimmert und schimmert
in mondloser Nacht
die Capella zeigt wieder
hellfunkelnde Pracht.

Sie leuchtet und winkt
und lockt die Erde,
dass auch sie nun
heller werde –

heller, schneller
Bahnen ziehen
ist der Sphärenlauf
und die Erde bebend zittert
schwingt sich mit hinauf.

Siebengestirn

Schwestern ihr –
in weiter Ferne
haltet still die Wacht,
sieben helle, hohe Sterne
flimmern in der Nacht.

Leuchten in den
späten Tagen
durch die Dunkelheit,
horchen auf die
stummen Fragen
aus der Einsamkeit

steigen sie aus
tiefstem Grunde
sehnsuchtsvoll empor,
lauschen auf die
frohe Kunde
aus dem Sternenchor.

Schwestern ihr –
mit Gottes Gnaden
ruft dem Beter zu:
Hör die Botschaft der Plejaden,
»Ich bin ein anderes Du.«

Liebeslied

In lieblich lauen Sommernächten
sucht ich dich vergebens,
deines Bildes Sternenpracht
zeigt sich erst im Herbst des Lebens

Wenn die Tage kürzer werden
und die Kälte kriecht hervor,
wenn es dunkler wird auf Erden,
steigst du im Osten hell empor.

Leuchtend stehen deine Sterne,
prunkend hältst du deine Wacht,
grüßt du aus der Himmelsferne
in die finstere Erdennacht.

Endlos ziehst du deine Kreise
hoch hinauf am Himmelszelt,
singst du deine hehre Weise
allen Menschen dieser Welt.

In den langen Winterzeiten
öffnet mich dein Ton.
Bist du doch seit Ewigkeiten
mein geliebter Orion.

Inge Peters

Mutabor

Ein Zauberwort aus fernen Tagen
hat mich durch alle Zeiten getragen.
Im Dunkel der Welt unter quälenden Sorgen,
lag es scheinbar für immer verborgen.

Im Licht der Stille, der Einsamkeit,
war ich zum Suchen, zum Finden bereit.
Seit meine Angst im Winde verweht
wird jeder Schritt zu einem Gebet.

Ich liebe des Lebens unendliche Fülle
in seiner ständig sich wandelnden Hülle.
Im ewigen Werden, Sein und Vergehen
kann ich mich überwindend bestehen.

Erwachen

Mir ist, als bin ich soeben
aus tiefem Schlaf erwacht.
Blä Junfrun, Zeugin in Schweden,
erhellst die schwarzdunkle Nacht.

Ich träumte von Leben zu Leben
den verwunschenen goldenen Traum,
von einem Himmelwärtsstreben
durch endlose Zeiten von Raum.

Auf dem Weg zurück zu den Sternen
voran ohne Rasten und Ruh'n
werde ich jetzt sicher erlernen
zu *sein* – statt zu tun.

Try to remember

Herbstnebel weichen
Dezembernächten hell und klar,
Sternengefunkel kann mich erreichen –
Erinnerung wird spürbar wahr.

Was mir lange nicht bewusst
und der Sommerwind verweht
aber tief in meiner Brust
mein Erinnern erfleht,

wenn in kalten Wintertagen
sich das Jahr dem Ende neigt,
wenn ich mich in Stille wage
und des Lebens Trubel schweigt,

werd ich voller Sehnsucht schwingen
im Erinnerungsgebraus,
und mein Herz beginnt zu singen:
ich bin auf dem Weg nach Haus.

Inge Peters

Entsprechung

Weihnachten ist Neubeginn
einer langen Reise,
plötzlich findet sich der Sinn
auf ganz wundersame Weise.

Weihnachten ist Anbeginn
menschlicher Erfahrung,
demutsvoll zur Krippe hin
zieht uns tiefste Ahnung:

von Bethlehem bis Golgatha,
reuevolles Werden –
das Ewige funkelt sternenklar,
licht wird es auf Erden.

Weihnachten ist Neubeginn
einer langen Reise,
Christus-Liebe wird zum Sinn,
zu Gottes höchstem Lob und Preise.

Durch sonnenfernste Wintertiefen
und leidgeprüfte Einsamkeit –
alle Jahre Hoffnungsschimmer
gnadenvolle Weihnachtszeit.

Stetig kehrt die Sonne wieder,
bricht sich durch dunkle Wolken Bahn –
alle Jahre Hoffnungsschimmer
löst einst auf des Menschen Wahn.

Bis der trübe Wahn zerronnen,
Jahrmillionen gehen hin –
alle Jahre Hoffnungsschimmer,
leben, leben ist der Sinn.

Der kleine Schritt ins Ungewisse,
das volle Einverstandensein
ohne Widerstand und Sträuben
ist in dir erlöste Pein.

Schwinge mit im großen Reigen
der Alleinsverbundenheit,
schwinge, klinge ohne Ende
und von aller Angst befreit.

Fließ gelöst im Weltenstrome
leicht dahin im seligen Streben –
weihnachtliches Innewerden
ist Geburt ins ewige Leben.

Inge Peters

Weihnachten kehrt wieder
immer wieder und wieder,
bis ich verstehe das Mysterium
und nicht mehr frage warum.

Ich habe in die Krippe gesehen
und versucht zu verstehen;
ein Kommen und Gehen ist unser Leben –
ich habe mich ergeben.

Immer wieder und wieder
kehre ich hernieder,
bis ich als verlorener Sohn
selbst ende die Fron.

Stille ist in mir, ich bin bereit,
Stille und Ewigkeit;
Geboren in der geweihten Nacht
ist es vollbracht.

Gen Weihnachten

Weihnachten ist wieder nah –
Wintersonnenwende –
spüre Weltentraurigkeit
unverstandener Spende.

Weihnachten ist wieder nah –
Lichterglanz und Trubel,
höre Orgelpfeifenton,
ist das echter Jubel?

Weihnachten ist wieder nah –
Hektik lähmt die Herzen,
und mir wird auf einmal klar,
äußrer Glanz bringt Schmerzen.

Weihnachten ist wieder nah –
Adventsglockengeläute –
durch die Dunkelheit erschallt:
Christus ist geboren heute.

Über Himmel, Land und Meer
Engel es verkünden,
meine Heimatlosigkeit
kann nur Christus überwinden.

Weihnachten ist wieder nah –
Finsternis entschwindet –
nur so wird die Botschaft wahr:
wer sich überwindet

und sich nicht der Lieb' verstellt,
dem erst wird die Nacht erhellt,
heute hier auf Erden –
Christus *in uns* muss werden!

Weihnachten ist *immer* nah –
Wintersonnenwende –
aus der Tiefe wird es klar,
Dank sei Dir, Herr, ohn Ende.

Christrose

Aus der dunklen Tiefe
durch Kälte, Schnee und Eis
wächst du dem Licht entgegen
nach innerem Geheiß.

Im kalten Wintergrab geboren
zielst du licht empor,
aus der Erdennacht
drängt dich Kraft hervor.

Zartes Blühen – Rosenwunder
öffne dich dem Licht,
schienst du in der Dunkelheit verloren
keimt jetzt neue Sicht.

Helleborus speciosus
Sinnbild der Natur –
wo du wurzelst, wie du wipfelst
gleichst du unseres Werdens Spur.

Der Tannenbaum

Ein kleiner Baum im dunklen Tann
der dachte bei sich dann und wann
was kann ich denn bloß machen
ich vermisse Kinderlachen

Dem Bäumchen war das Herz so schwer –
da kam ein bärtiger Zwerg daher
und sagte laut so nebenher
wenn der Baum doch ein Christbaum wär

Ein Christbaum? fragt das Tännlein klein
was ist denn das, ist das denn fein
ein Baum geschmückt mit bunten Sachen
die allen Kindern Freude machen?

Nur muss ich noch viel größer werden
will ich das werden hier auf Erden
und das Bäumchen im dunklen Wald
hofft viele Jahre ... bald, bald

Eines Tags man glaubt es kaum
ward er ein hoher Weihnachtsbaum
er stand geschmückt mit hellen Kerzen
in einer Stadt in ihrem Herzen

Er erfreute die Menschen ob groß ob klein
Friede zog in sein Herz hinein
so opfert sich der Tannenbaum
für aller Menschen Friedenstraum

Inge Peters

Der Engel

Auf einem hellen Mondenstrahl
zur Erde herunter rutschte einmal
ein kleines Engelein in der Nacht
hat eine frohe Botschaft mitgebracht

Allen Menschen bringt es Kunde
diese geht von Mund zu Munde:
geboren wird ein Kindlein klein
soll dann der Welt Erlöser sein

Das Engelein verkündet es allen
Frieden den Menschen seines Wohlgefallen
so klingt es hoch bis zu den Sternen
so schallt es in die tiefsten Fernen

Das Engelein dann still und leise
macht sich wieder auf die Reise
zurück auf seinem Mondenstrahl
zum Himmel hinauf – es war einmal

Weihnachtszauber

Ich ging einst durch den Winterwald,
die Nacht war still, die Luft war kalt,
da schob sich aus dem Wolkentor
der gute, alte Mond hervor.

Silbern erstrahlte die Winternacht,
plötzlich – es geschah ganz sacht –
huschten aus der Tannenschonung
Elfen und Zwerge aus ihrer Wohnung.

Zarte Elfen und bärtige Wichte
begannen nun im Mondenlichte
zu tanzen, allerliebst anzusehn,
wie verzaubert blieb ich stehn

und traute meinen Augen kaum –
sah ich doch hinter jedem Baum,
jedem Busch vorsichtig schauen
als mochten sie sich gar nicht trauen

die Tiere des Waldes, Hirsch, Fuchs, Hase, Reh,
noch viel mehr standen im Schnee.
In der Luft hörte ich Flügelrauschen,
auch alle Vögel wollten lauschen.

Ich sah die Tiere auf die Lichtung treten,
sah die Elfen und Zwerge beten,
sah die Vögel jubilieren
und sah die Engel musizieren.

Verzaubert waren wir alle
und es erklang mit frohem Schalle
das »Stille Nacht, heilige Nacht«
ein großes Wunder war hier vollbracht.

Ich sah in dieser einen Stunde
die ganze Schöpfung in einem Bunde,
den Frieden unterm Weihnachtsbaum,
– es war kein Traum! –

Heike Rudolf

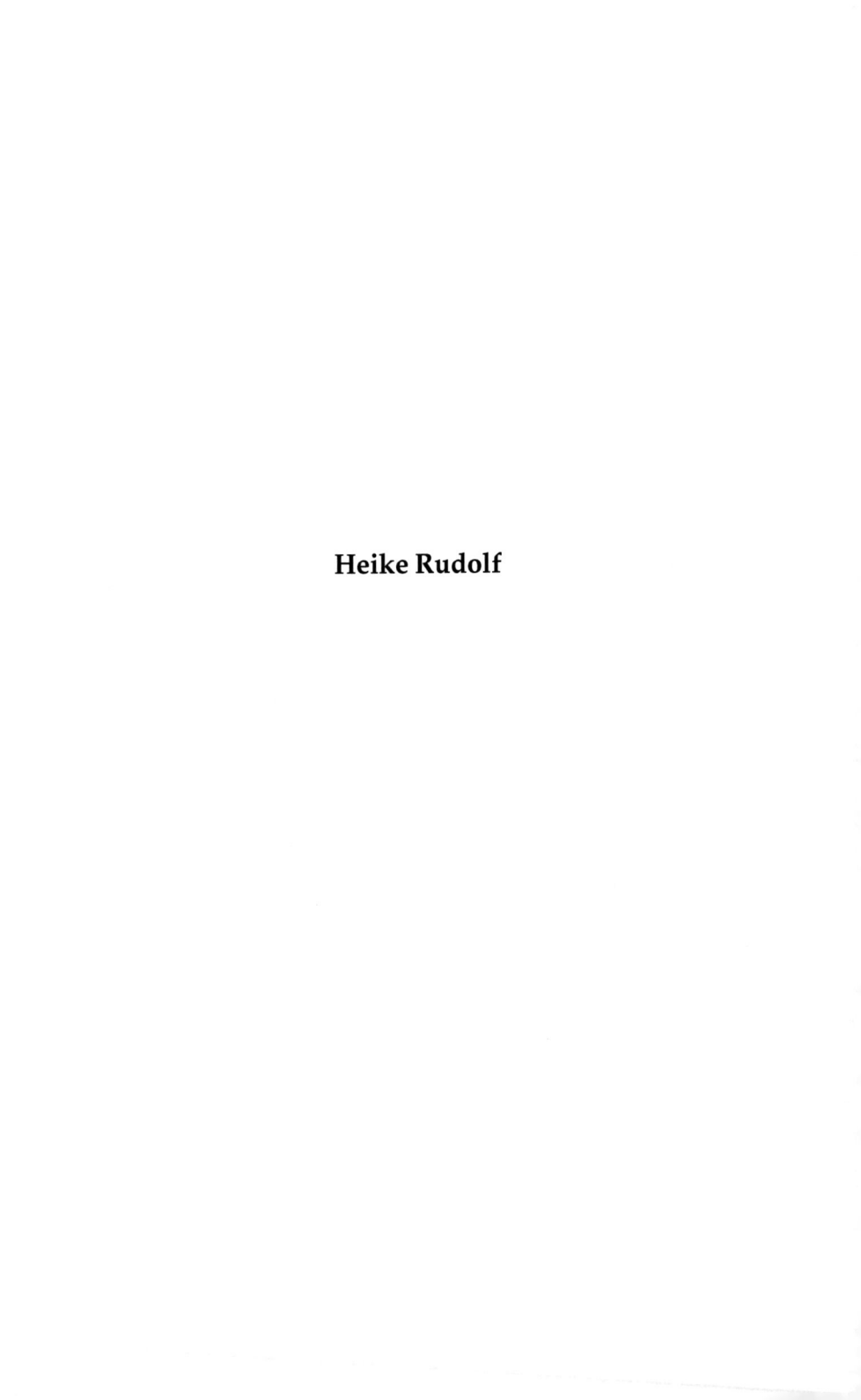

… Und immer wieder Weihnachten!

Noch scheint die Sonne tief in mein Fenster und doch lässt sich nicht leugnen, dass die Schatten jeden Tag ein wenig länger werden.

Ganz heimlich – so wie die Schatten – schleichst du dich wieder bei mir ein. Und mit den frühen Abenden und den Morgen, die einfach nicht erwachen mögen, begrüße ich dich liebevoll in meinen Erinnerungen.

Immer, zuverlässig jedes Jahr kehren die Erinnerungen an dich in meine Gedanken zurück.

Und weißt du, was es ist, das mich so sehr mit dir verbindet? Es ist Weihnachten!

Es ist meine Erinnerung an ein Fest, das wir gemeinsam erlebt haben, als ich noch ganz klein war und du – wie immer in meiner Erinnerung – ganz groß.

***

Es war eines der vielen Weihnachtsfeste meiner Kindheit, die in meiner Erinnerung alle so viele Gemeinsamkeiten haben.

Spätestens mit dem Advent begann eine eigene Zeitrechnung. Vier Wochen, die von einer klebrigen Masse daran gehindert wurden, zu vergehen.

Jeden Tag ein neuer Wunschzettel, jeden Tag die hoffnungsvollen Gespräche mit der Freundin: Was wünscht du dir am meisten, ob wir ihn wohl in diesem Jahr sehen?

Und immer wieder im letzten Augenblick, kurz bevor die Spannung unerträglich wurde, war er da:

Der Tag, an dem die Stubentür verschlossen blieb und die Hektik und Unruhe im Haus ihren Höhepunkt erreichte. Zu den besten Zeiten warteten sieben Kinder in unserem Hause darauf, dass der Weihnachtsmann etwas von seinem schweren Gepäck bei uns ablegen würde und möglichst noch das Richtige.

Bis zur Mittagszeit schien sich der Tag nicht bewegen zu wollen, um dann mit einem Sprung die Kinder frisch gebadet und in den besten Kleidern auf den Weg zur Kirche zu bringen. Diese eine Stunde Gottesdienst verging im allgemeinen Gemurmel und dem von mir so sehr geliebten Gesang der Weihnachtslieder.

Kaum, dass sich die Türen der Kirche wieder öffneten, holte uns die Unruhe wieder ein und wir rannten – was das Zeug hielt – nach Hause. Wir befürchteten wohl, dass die Geschenke wieder abgeholt würden, wenn wir in den nächsten zehn Minuten die Haustür nicht erreichten.

Doch was nutzte alles Rennen? Wir mussten – meistens frierend – vor der Türe harren, weil du, Papa, natürlich in aller Ruhe den Heimweg angetreten hast und auch meine Mama – deine liebe Frau – zum Wettrennen nach dem ganzen Weihnachtsrummel einfach nicht zu bewegen war.

Spätestens in diesem Augenblick begann die Prozedur, für die ich dich als Kind – ich muss wohl sagen – regelrecht gehasst habe.

Warten – Jacken aus, Puschen (die korrekte Übersetzung für Puschen ist das Wort: Hausschuhe) an – und dann der Höhepunkt der Grausamkeiten: Kartoffelsalat und Würstchen – zuerst wird gegessen!

Ob wohl alle Erwachsenen dieser Welt vergessen haben, dass Kindermägen kurz vor der Bescherung einfach nicht in der Lage sind, Nahrung aufzunehmen? So kurz vor dem Ziel ...

Unsere Küche war rammeldicke voll – sieben Kinder, Oma und Mama und Papa. Die gute Stube war ja noch immer verschlossen.

Hätte ich es nicht erlebt, würde ich nicht wissen, dass sich meine Spannung in diesem Moment noch steigern ließ. Endlich warst du satt und nun scheinbar auch bereit, nach dem Weihnachtsmann Ausschau zu halten. Die Stubentür öffnete sich gerade weit genug, damit du dich hineinquetschen konntest.

Der letzte bange Augenblick des Wartens, durchzogen mit tiefer Freude und der Gewissheit, dass sich jetzt gleich alle meine Wünsche erfüllen werden. Ganz zaghaft wurde der Kerzenschein hinter dem Glasausschnitt der Tür sichtbar und dann der erlösende Ausruf: Der Weihnachtsmann, der Weihnachtsmann war da!

Wie sehr ich diesen Augenblick heute noch fühlen kann ...

Ich war zutiefst ergriffen – aber du, Papa, du warst nicht annähernd so beseelt wie ich. Was schaust du in diesem Moment auf meine Füße? Wer außer dir hätte entdeckt oder überhaupt bemerkt, dass ich vergessen hatte, meine Hausschuhe anzuziehen? Ich hatte sie einfach nicht gefunden. Was – um Himmels willen – war in diesem Moment unwichtiger als meine Hausschuhe? Ich brannte doch sowieso lichterloh vor Erregung.

In diesem Moment, wo all mein Sehnen in die Stube drängte und deine gnadenlose Anweisung: erst die Hausschuhe – dann Weihnachten, mich davon zurückhielten, war ich so voller Wut und Enttäuschung, dass ich damals sicher war, dieses Gefühl reicht bis in alle Ewigkeit.

***

Viele Jahre Weihnachten sind inzwischen vergangen, du bist schon lange nicht mehr bei mir und auch meine Kinder sind inzwischen groß.

Ich habe dir natürlich längst verziehen und meine kindliche Wut und Enttäuschung ist einem tiefen Verständnis darüber gewichen, dass du mir mit deinem strikten Vorgehen, deinen Regeln und Richtlinien auch etwas Wichtiges gegeben hast: den Anker und die Leinen und Haltegriffe für meinen Weg durchs Leben.

Und danke dafür, dass du festgehalten hast an deiner Vorstellung von Weihnachten und damit den Weihnachtsfesten meiner Kindheit etwas Besonderes gegeben hast.

Helga Schrade

Lied einer Abgerickten

Lang schon lieht mer's uff de Seel,
Mundartgedichte zu schreibe – glaabt mer's un guckt net scheel!
Lest erst mal, was ich geschribbe
aus der Ferne, – meinem Frankfort treu geblibbe.
Mei'm Städtche, wo ich das Licht der Welt erblickt,
– doch – leider bin ich abgerickt.
Gen Süden nach München hat's mich verschlaache,
hab' manch einsame Stunde hier ertraache.
Doch mei Frankforder Schlappmaul hab' ich immer geheecht,
sorgsam gehütet und fleißig gepfleecht.
Un wenn ihr mich fracht: Was hoste noch mehr?
Dann garantier' ich euch uff Ehr!
Ibber mei Figurn könntet ihr lache un aach emal flenne,
ihr könntet sie sehe, wie se utze un schenne.
Von mei'm Vadder, dem Riffkabiner un seinem Treibe,
könnt' ich ganze Büscher voll schreibe.
Von damals in Froschhause vor genau hunnert Jahrn,
was los war in Griesem, des sollt ihr erfahrn.
Drum hab' ich heut' mir was Besonders ausgedacht,
un e Gedicht vom Griesemer Christkind gemacht.

Helga Schrade

Des Griesemer Christkindche von 1905

(aus: Die Riffkabiner)

Beim Bäcker im Lade stehe die Leut',
die Bäckersfraa sagt: »Zeite sin des heut'!
Unser Bälch sin so frech!«, klagt sie hoch erreecht,
»un habbe kaan Respekt, vor alde Werde, un was mer so pfleecht.
Un bald is Weihnachte, ham' mer gedacht,
un uns Gedanke ibber die Geschenke gemacht.«

»Jetzt kimmt bald des Christkind«, hot mein Alde zu de Kinner gesacht,
»doch unser Bälch, die habbe bloß laut gelacht!«
»Ei Babba, was denkst du, so lang is des her,
mir wisse es längst, es gibt gar kaa Christkindche mehr!«
»Deene Bälch werd ich helfe«, hot mein Alde gesacht,
»Isch! mach' des Christkind, in de Heiliche Nacht!«,
un dadebei grinst er noch ganz raffiniert:
»Die wern dann schon sehe, was bassiert!

Ich nemm' mer en Vorhang, den Scheene mit Spitze,
un du wie en Schatte dorchs Wohnzimmer flitze.
Un wenn ich als Christkind durchs Zimmer du schwebe,
unser Kinner mit offene Aache erlebe,
wie des Christkind grazil aus em Fenster sich schwingt,
un die Mama dabei ›Oh Tannenbaum‹ singt,
sin sie mittendrin in dem Geschehe,
un kenne des Christkind mit eichene Aache sehe!
Dann glaabe se widder, sach' isch dir uff Ehr!,
un habbe keine Zweifel mehr!«

»Du alder Olbel«, secht die Mama un lacht,
»was hos'de dir dann da widder fer'n Bleedsinn ausgedacht.
Wie willst de dann im erste Stock aus em Fenster hippe?
Dadebei brichs'de dir doch sämtliche Rippe!«
»Ach was«, meint de Vadder un grinst debei schlau,
»des hob isch mir schon ibberleecht ganz genau!
Do is doch der Sandhaufe, der geht bis hier nuff,
und uff den Haufe, da hippe isch druff!«

Gesagt, getan, bald war es so weit,
jetzt kam die schöne Weihnachtszeit.
Das Wohnzimmer, im weihnachtlichen Glanz,
im Ofen duftet schon die Gans.

Helga Schrade

Zaghaft leis erklingt ein Glöckchen,
und im weißen Spitzenröckchen
schwebt ein Schatten durch den Raum,
im Kerzenlicht, man sieht ihn kaum.
Er schwebt zum Fenster, macht es auf,
und klettert die Fensterbank hinauf.
Die Kinder verwundert blicken ihm nach:
»Da is ja doch das Christkind, ach?!«

De Babba wars, mit em Vorhang umgehengt,
der elegant aus em Fenster sich schwengt.
Vor Woche hadde se unne den Sand hiegeschippt,
un uff den Haufe is de Babba als Christkind gehippt.

Erst wars ganz still – in de Heiliche Nacht,
dann kreischt er von unne: »Was fer 'n Simbel hat heut' den
Sand weggebracht?
Gestern war er noch da, ich hab' ihn gesehe
un jetzt lieh isch hier, isch kann net uffstehe!«

Der Arme hat sich sämtliche Knoche gebroche,
musste ins Spital für viele Woche.
Un die Moral von der Geschicht? –
Veräppel deine Kinder nicht!

Beate Siebert

An die himmlischen Leonardo-Engel

Nicht nur zur Weihnachtszeit

Ein überaus angenehmer Duft umhüllte uns – trug uns fast über die Stufen –, als wir die weihnachtlich geschmückten Hallen betraten. Es war mehr als nur ein weihnachtlicher Rausch, denn das, was uns empfing, ließ uns den Atem anhalten. Goldhaar, schwerelos schwebende Weihnachtsengel, Geflecht aus zart schimmerndem Moos, durch das sich wie fein gewebt das zarteste Engelshaar flocht und Gebilde, die aus einer anderen Welt zu entschweben schienen, umhüllten uns mit leisem Klang. Durch diese fast kirchliche Andacht raunten wir uns nur flüsternd und fast hauchend etwas zu, und ab und zu ließen wir uns auch zu einem bewundernden Oooh und Aaaah hinreißen. So schritten wir leicht, wie von zarten Händen getragen, durch jeden Winkel und jedes Licht; so andächtig versunken und vor Entzücken schon vernebelt, stießen wir nach vielen Schritten auf einen Engel ganz besonderer Art, der groß und männlich wirkend hinter einem Tische stand, und dem zu unserer großen Verwunderung kleine Rauchwölkchen aus Mund und Nase entwichen.»Wollen Sie ein Glas Sekt oder sonst eine köstliche Kleinigkeit«, flötete eine Stimme zu uns herüber. Diese Stimme war ungewöhnlich und schien selbst den männlichen Wölkchenengel zu erschrecken, denn er zuckte bei ihrem Klang fast ein klein wenig zusammen und schmerzhaft kräuselte sich sein Engelsmund. Wir erblickten durch moosbehangene Glitzermonde ein rundes Engelsgesicht, das uns unverhohlen ansah. Sein Blick war leer und etwas verloren – und seine Augen schienen mir sogar ein bisschen beleidigt. Wie konnte das sein? Hier im Haus der heiligen Engel – vielleicht hatten goldiger Glanz und zart rauschende Wesen unsere Sinne vernebelt und diese Augen waren ein Trugbild unserer eigenen Seelen. Ich wischte mir die Augen, aber der Kopf hing weiter im moosbehangenen Mond, und eine dicke Hand hielt fast mahnend ein Sektglas in der Hand. Der Wölkchenengel brummte etwas, das mich an Worte wie Jubilieren oder Jubilate erinnerte. »Ja! Jubiläum haben wir!«, brummte der Mannesengel und hielt plötzlich ein zigarrenähnliches Schwert in seiner Hand. Verblüfft näherten wir uns dieser Figur und mit jedem Schritt nahm dieses Engelswesen irdischere Züge an – bis wir schließlich vor einem Herren standen, der uns gewichtig darüber aufklärte, dass der Engelsladen zehn Jahre alt geworden sei. Ein richtiger Engel hätte diesem Zeitraum nicht mehr als einen Flügelschlag Aufmerksamkeit gezeugt, doch in irdischer Zeitrechnung wurde diese Zahl mit Sekt und schönen Worten bedacht. Man schenkte uns willkommene Blicke, führte uns durch die lockenden Hallen und erzählte uns schmeichelnd die Geschichte jener Dinge, die uns in ihren Bann gezogen hatten und unserer innigsten Bewunderung sicher sein konnten. Wie benommen und schier verzückt von so viel warmer Mitmenschlichkeit in diesen kalten Tagen, entschieden wir uns für ein wahrhaft meisterhaftes Design der Adventskultur, auch wenn uns seine Größe etwas verunsicherte – wir lebten in normalen Wohnungen, nicht in Scheunen oder gar prächtigen Hallen. Nun denn – es weihnachtete sehr und die Liebe der Menschen sprang über uns und öffnete unsere Geldbeutel – sanft, aber entschlossen.

Leicht gebeugt von der schweren süßen Last verließen wir die weihnachtlichen Hallen – unsere Gesichter glühten rosig vor triumphaler Freude –, wie eine Trophäe hielten wir unseren Schatz mit dem festen Willen, ihn niemals mehr preiszugeben. Nach wenigen Minuten jedoch verließ uns diese Gewissheit, denn die Beute versperrte unsere Sicht und zehrte an unseren Kräften. Wir entschlossen uns, sie zurückzubringen und vor dem adventlichen Geschehen mit einem Gefährt oder Gefährten wieder abzuholen.

Die Engelsgesichter blickten zwar etwas verblüfft, als wir keuchend und zerrend ihre Hallen betraten, doch akzeptierten sie unsere Bitte, und das gerade noch Erworbene fand seinen alten Platz wieder und stand dort, als ob es ihn nie verlassen hätte. Bevor der Mondengel wieder zu flöten begann, waren wir auch schon verschwunden. Fast unwirklich erschien uns der Tag, als wir Stunden später in unseren Betten lagen und von schwebenden Moosengeln mit rauchendem Haar träumten.

Die Tage näherten sich dem ersten Licht, und ich begutachtete im Schaufenster des Engelladens meine Pracht, die nur darauf wartete, von mir abgeholt zu werden. Doch seine schmückenden Schleifen erschienen mir etwas mitgenommen, leicht verschlissen von vielen Berührungen und leicht überzogen von den Wölkchen des rauchenden Engels. Der Mut verließ mich und ich bog in einen finsteren Hof, um beschämt mein Handy zu nehmen, als Schutz vor eventuell drohenden Engelsschwertern. Die Engelsstimme flötete in mein Ohr, zart und sanft und überaus werbend. Ich spannte meine Schultern und widersetzte mich der Angst. Der Engel vernahm meine Botschaft und seine Stimme konnte plötzlich nicht mehr flöten, sie zischte nun und ich befürchtete, dass ich – wenn ich noch weiterspräche – eine züngelnde Zunge vor meinem Gesicht erblicken würde, sodass ich schnell nach einem Ende suchte. Der Engel zischte wiederholend mein Gesagtes, dass er die Schleifenpracht erneuern werde und alles im Weihnachtsglanz erstrahle, wenn ich es hole.

Tage später traten wir erwartungsvoll durch die himmlische Pforte ins Engelsland. Die Engelgesichter erstarrten bei unserem Anblick und fielen sofort in tiefes Schweigen. Abweisend, ohne Flügelschlagen und wie zu Stein geworden, erschienen sie uns. Sie überreichten uns wortlos das Neugeschmückte, wobei uns ihre Augen mit Verachtung straften. Der Mannesengel gar brachte noch nicht einmal ein Brummen zustande – er hatte Angst, er könne das ihm Aufgetragene vergessen; fast beschämt zählte er fortan seine Fußspitzen. Er sah sehr betrübt aus.

Scheinbar unerschrocken und etwas irritiert erbaten wir noch Engelshaar. Der Mondengel züngelte kalt zurück, dass er kein Engelshaar mehr hätte, und behauptete sogar, dass es nirgendwo mehr Engelhaar gäbe. Es gibt nirgendwo und nirgends Engelhaar? Wo doch die Welt zu dieser Zeit voll war von Weihrauch und Engelscharen. »Ist Krieg??«, wollte meine Begleiterin erschrocken wissen, die das Gesagte nicht glauben konnte und sich noch später immer wieder bei mir vergewisserte, ob auch wirklich kein Krieg sei – so kurz vor dem heiligen Feste. Unsere gesenkten Stimmen baten um Packpapier, um das Schöne unsichtbar zu machen, doch der Engel schenkte uns keinen Blick mehr – er züngelte verabscheuend, dass es bei ihnen so etwas (bei den Worten »so etwas« wurde es dem Engel offenbar schlecht, denn sein Gesicht veränderte sich schmerzvoll) nicht gäbe – aber Papier, Engelpapier, das wäre noch zu haben. Der Wolkenengel stand finster blickend und mit gebeugtem Haupte rauchend in seiner Ecke. Er zeigte Solidarität mit dem Kriegsengel; doch sein Herz sprach andere Worte, denn er war es, der all die Pracht mit seinen Händen entstehen ließ. Eisige Kälte durchzog die Hallen, die Engel sangen nicht mehr und die Lichter schienen kalt und drohend. Eisblumen verdichteten den Weg in die Freiheit und formten kleine Gestalten mit klirrenden Schwertern – funkelnde Mondengelaugen schossen rote Blitze und wir zogen unsere Mäntel enger an uns. Es herrschte Krieg! Darum gab es auch kein Engelhaar. Wir verstanden nun, was uns der Engel damit sagen wollte. Schnell verließen wir den Weihnachtstraum. Wir wollten uns retten – denn den Engeln im Krieg sind wir nicht gewachsen. Vorbei an den Schwertern, vorbei an züngelnden Mondengeln, vorbei an Engelshaar, das es nicht gab – wir zerrten an unserer verpackten Pracht und erreichten keuchend die irdische Welt.

    Wir wollten uns retten, denn wenn Engel im Krieg sind, wird es kalt – nicht nur zur Weihnachtszeit!

AUTORENÜBERSICHT

RENÉ AST kommt aus der Industrie. Er war Leiter der Abteilung *Einkauf* für drei Werke einer deutsch-französischen Firmengruppe, die in der Verpackungsbranche angesiedelt war. Seiner musischen Veranlagung entsprechend wurde ihm zusätzlich die Redaktion der Werkzeitungen übertragen. Hier verzeichnete er seine ersten Erfolge: zweimal wurden die von ihm betreuten WZ für Gestaltung und Text prämiert, und zwar in Bonn wie auch in Paris.
Er war Mitbegründer der Gesellschaft zur »Förderung der deutsch-französischen Freundschaft« in Teningen (Baden) und ihr langjähriger Vorsitzender. Seit seiner Rentnerzeit hält er als Dozent an Volkshochschulen, z.b. in Augsburg, Delmenhorst, aber auch in Kurhäusern, wie z.b. in Badenweiler, Bad Kissingen, Bad Reichenhall, Dia-Vorträge und Lesungen über französische Landschaften, Kultur und Geschichte.
Er beteiligte sich an einem vom Sender ARTE durchgeführten Krimi-Wettbewerb und sein Beitrag gehörte zu den prämierten Einsendungen.

CHRISTIAN BARSCH, 1931 geboren, am Konservatorium Cottbus 35 Jahre Lehrer; »Vier Streiflichter«, »Fremdes Gesicht«, »Jahreszeitenbilder«, Anthologiebeiträge.

JACQUELINE BARVENCIK, geboren am 16.05.1983 in Berlin. Ausbildung: Studentin, Kunst und Rehabilitationswissenschaften (Lehramt). Schriftstellerische Arbeit: Gedichte und Kurzgeschichten. Bisherige Veröffentlichungen: 2001 diverse Gedichte in Eulalia (Zeitung für Lyrik, Prosa, Psychologie und Politik), 2006/07 Gedichte im Tagesspiegel.

Renate Eckert, geboren 1950 in Laufenburg/D., hat Krankenschwester gelernt in Villingen/Schwenningen und als Krankenschwester gearbeitet in Heidelberg. In Frankfurt/Main Ausbildung als Lehrerin für Krankenpflege, dabei ihren späteren Mann kennen gelernt, schwanger geworden, Tochter geboren, geheiratet. In dieser Reihenfolge.
Turbulentes Familienleben mit vielen Umzügen. Schließlich im Kanton Zug in der Schweiz gelandet. Dort verschiedene Jobs ausgeübt und Tochter aufgezogen. Nach 20 Jahren Ehe geschieden. Tochter studiert in England, die Autorin wohnt im Kanton Zug.
Sie malt, schreibt Kurzgeschichten, arbeitet an einem Buch. Eine ihrer Kurzgeschichten ist vom Schweizer Radio DRS1 im Mai 2007 als Hörspiel gesendet worden.

Inge-Christa Engler ist 1938 in Breslau geboren. Nach einer Großfamilie, die sie des Öfteren genießt, hat sie nun die Zeit, ihre Träume Wirklichkeit werden zu lassen: schreiben – dichten – reimen. Was sie mit 14 Jahren in Schönschrift aufgeschrieben hat, findet sich nun in wunderbaren Geschichten und sogar in Krimis wieder. Seit 1962 ist sie mit ein und demselben Mann verheiratet. Die Autorin erfreut sich an sechs Enkeln, an drei eigenen und drei netten Schwiegerkindern und hofft weiter auf eine heile Welt!

Brigitte Gerland wurde zur Adventszeit 1934 in Berlin geboren. Durch Kriegs- und Nachkriegszeiten besuchte sie sieben verschiedene Schulen in Berlin, Sachsen und Thüringen. Die achte Schule in Hessen führte zum Abitur. Ihren hochinteressanten Beruf der Metallografin übte sie nie aus, sie war neben dem noch interessanteren Beruf der Familienmutter Lohnbuchhalterin und Sekretärin. Sie liest und schreibt Gedichte seit ihrer Kindheit. Einige Veröffentlichungen in »Salzers heiterem Geschichtenbrevier« im Eugen Salzer Verlag. Seit dem Tod ihres Mannes und dem Auszug der erwachsenen Kinder lebt sie allein.

Autorenübersicht

ERNST-ULRICH HAHMANN, geb. 1943 in Ellrich am Südharz, Ausbildung als Dreher, danach Laufbahn eines Artillerieoffiziers (1963–1988). Während der Wendezeit Einsatz als Kreisgeschäftsführer beim DRK (1988–1991). Anschließend in verschiedenen Wachfirmen in unterschiedlichen Funktionen tätig. Während der Armeezeit Artikel für militär-technische und militär-wissenschaftliche Zeitschriften geschrieben. Forschungsarbeit über das Leben und Wirken des Arbeiterführers *Franz Jacob* und Anfertigung einer Dokumentation. Nach der Wende Fernstudium »Schule des Großen Schreibens« an der Axel Andersson Akademie in Hamburg (1992–1995).

Veröffentlichungen:
Kurzgeschichte »Der Alptraum« (1994) in Unser Bestes – Neue Autoren der Gegenwart vom Förderkreis Buch und Kunst, Gütersloh, Gedicht »Mecki – Der Igel« (1998) in Nationalbibliothek des deutschsprachigen Gedichtes Ausgewählte Werke I, Gedicht »Schmetterlinge – Boten der Götter« (1999) in Nationalbibliothek des deutschsprachigen Gedichtes Ausgewählte Werke II, Kurzgeschichte »Todesursache ›Vernichtung durch Arbeit‹« (1999) in Wechselbäder vom Literaturkreis Bad Salzungen, Buch »Das alte Salzungen – Sagen einer Stadt im Werratal« (2000), Buch »Das alte Ellrich – Sagen einer Südharzstadt« (2000), Historische Erzählung »Die wilde Horde« (2003).

VERA HESSE, geboren 1946, hat erst im Alter von 30 Jahren in der Kinderkrankenpflege gelernt, und ist nach einem Jahr übergewechselt in die selbstständige Fußpflege, bereits seit 25 Jahren. Als begleitenden Berufszweig wählte sie zusätzlich die Farb- und Stilberatung für Damen und Herren. Sie selber ist Mutter von zwei erwachsenen Söhnen und hat fünf Enkelkinder. Durch den Umgang mit den vielen verschiedenen Menschen hat sie ihre Vorliebe für Kinder-Kurzgeschichten entdeckt und schreibt jetzt mit großer Begeisterung.

MARKUS HILTL, geboren am 24. Tag des heißen Monats August im welthistorisch so bedeutenden Jahre 71. In einer kleinen Stadt mit dem phantasievollen Namen Amberg, gelegen in einer der ursprünglichsten, schönsten Gegenden des so freien Staates Bayern. Nach Schule und Abitur und Wehrdienst in der idyllischen Mittelalterstadt Studium der Anglistik und Geschichte an Donau, Lahn und Seine. Heute in Paris lebend, an der Sorbonne in englischer Literatur promovierend und neben dem Unterrichten der Sprache Goethes, Schmidts, Hubers, Walkendamms nachlässig das Ablassen von Romanen und Novellen ernst nehmend. Hobbys, nicht so viele, moralisch-gesellschaftlich-politisches Engagement nur mäßig bis heiter. Flanieren durch die Straßen der Stadt häufig, sogar oft. Und, das sollte man in unseren Zeiten nicht vergessen, nicht verschweigen, kluges Kaufen und Verkaufen, Anlegen an den wichtigsten Börsen dieser Welt und, versteht sich, Vorbereiten von Rente, Berufsunfähigkeit, Scheidung, Krebs und Alzheimer, Studium der Kinder und tirolazorischer Wandertouren mit der besten Frau der Welt in einer nicht so fernen Zukunft.

ANGELIKA JÜRGENSEN, Jahrgang 1944, studierte Anglistik und Romanistik im In- und Ausland. Bis 2005 unterrichtete sie in beiden Sprachen an einem Gymnasium. In ihren Oberstufenkursen gab sie gelegentlich Einblicke in das *Kreative Schreiben*. Selbst nahm sie wiederholt an diversen Schreib- bzw. Autorenwerkstätten teil. Ideen zu Erzählungen entstehen vielfach unterwegs auf Reisen.

ACHIM KLEIN, geboren 1941. Besuch des Besselgymnasiums in Minden von 1952 bis 1961. Studium der Nachrichtentechnik an der TU Hannover von 1961 bis 1968. Beratender Ingenieur in der Industrie von 1968 bis 1969. 1969 Eintritt in den Dienst der damaligen Deutschen Bundespost. Nach dem 2. Staatsexamen Beschäftigung bei den Fernmeldeämtern Oldenburg und Dortmund und bei der Oberpostdirektion Dortmund. 1980 Wechsel zum Bundespostministerium. 1988 bis 1991 Counselor für Post und Telekommunikation an der Deutschen Botschaft in Washington. Ab 1991 Referatsleiter im Bundespostministerium und in der Regulierungsbehörde für Telekommunikation und Post, heute Bundesnetzagentur für Elektrizität, Gas, Telekommunikation, Post und Eisenbahnen. 1970 Veröffentlichung eines Fachbuches: »Reine Luft«. Beteiligt an der »Weihnachts-Anthologie« 11, 12, 13, 14, 15, 16, 17 und 18, R.G. Fischer Verlag, Frankfurt am Main. Im Rahmen der edition fischer im R.G.Fischer Verlag erschienen die Bücher »Dikjendälman« (2001), »Cyber-Terrorismus oder Ehe in Not« (2002), »Es muss zusammenwachsen, was zusammengehört« (2002) und »Der Sternenschieber und andere Erzählungen« (2003). »Wahrer Friede kennt nur Gewinner« erschien 2003. Die Romane »Tod am Toten Meer« und »Widerstand im Verborgenen« erschienen 2004 und »Lenins Maske oder die Reise ins Morgenland« (2005) ebenfalls im R.G. Fischer Verlag. Er ist mit Beiträgen in der »Collection deutscher Erzähler« und »Dokumente erlebter Zeitgeschichte« vertreten.

KLAUS MATTERN, 1950 geboren, schreibt Gedichte und Kurzgeschichten seit 1965. Veröffentlichung eines ersten Gedichtes 1970 in einer Kirchenzeitung, weitere Veröffentlichungen folgten. Teilnahme an Wettbewerben, dort erreichte der Autor oft den zweiten Platz. Veröffentlichungen in verschiedenen Anthologien, auch in der Autorenwerkstatt 97, edition fischer. Der Autor spielt gern Theater.

GERHARD RUDOLF OPFER wurde am 1.11.1948 in Frankfurt am Main geboren. Sein berufliches Leben verbrachte er im öffentlichen Dienst als Beamter im Bereich Sozialversicherung einer großen Krankenkasse. Seit 2001 ist der Autor im Vorruhestand. Er ist unverheiratet und hat keine Kinder.
Kriminalromane und Erzählungen bilden den Schwerpunkt seiner schriftstellerischen Arbeit. Darüber hinaus schreibt er gelegentlich Fantasy-Storys (keinen blutigen Horror), Satiren und Gedichte. Zu seinen Werken gehört auch eine Kindererzählung. Im Jahre 2006 erschien der erste Roman des Autors

in der »edition fischer«, Frankfurt am Main, mit dem Titel: »Zornige Schatten«. Beteiligt an der Weihnachts-Anthologie 18, R.G. Fischer Verlag, Frankfurt.

INGE PETERS geb. Ehlbeck, 1938 in Lüneburg geboren, hat ihre frühe Kindheit in Ehlbeck auf dem väterlichen Hof in der Lüneburger Heide verbracht. Zur weiterführenden Schule kam sie zu ihren Großeltern nach Rotenburg/Wümme. Ihren damaligen Berufswunsch – Bücher, Buchhandel, Verlagsarbeit – konnte sie nicht verwirklichen und ging stattdessen ins Hotelfach. 1964 hat sie geheiratet. Ihre Kinder sind 1964 (Vera), 1966 (Friedrich) und 1967 (Elke) geboren. Im Mai 1986 verunglückte der damals 20-jährige Sohn mit seinem Freund beim Segeln vor Öland in Schweden.
Neben ihrer Beschäftigung mit Gedichten, Kurzgeschichten und Büchern und vielen Reisen ist sie auch als Energotherapeutin tätig, eine Therapieform, die Störungen und Blockaden im menschlichen Organismus beseitigt und die sie bei dem polnischen Heiler Andrzej Lewandowski gelernt hat. Sie lebt mit ihrem Mann in Detmold und hat inzwischen fünf Enkelkinder zwischen 7 und 11 Jahren.

HEIKE RUDOLF, geboren 1956, lebt mit ihrem Mann und dem jüngsten von drei Söhnen an der Leine. Nach einer kaufmännischen Ausbildung wechselte sie nach der Geburt ihres ersten Sohnes in den Betrieb, in dem ihr Mann tätig ist. Nach inzwischen erfolgter Teilhaberschaft arbeitet Heike Rudolf als Personalleiterin. »Schreiben ist das, was aus meinem Herzen kommt. Ich möchte die Menschen mit meinen Beiträgen erwärmen, sie reicher machen und lächeln lassen ...«

HELGA SCHRADE geb. Breitwieser, geboren 1937 in Frankfurt am Main. Nach Abschluss der Handelsschule in Frankfurt am Main kaufmännische Lehre bei der Firma DEFAKA, Frankfurt/M. 1960 Heirat mit Herbert Schrade, drei Töchter. Durch Versetzung des Ehemannes 1971 nach Bayern gezogen. 1974 BWL-Studium in München, Diplom praktischer Betriebswirt. Ehemann 1981 verstorben. Bis 1998 immer kaufmännisch tätig, die letzten 20 Jahre in leitenden Positionen. Sechs Enkelkinder im Alter von 4 bis 23 Jahren. Literarische Versuche seit 1995: Zwei Romane, davon ein Krimi (Thriller), noch nicht veröffentlicht. Gedichte auch in Mundart hessisch und bayerisch, gelegentliche Veröffentlichungen eines Gedichtes in einer Tageszeitung.

BEATE SIEBERT, geboren 1955 in Bad Arolsen im Waldecker Land. Nach häufigen Stadt- und Landwechseln zurzeit wohnhaft in der Nähe von Wuppertal. Ein Sohn, 14 Jahre alt. Arbeitet als Dozentin in Bochum. Die Freude am Schreiben ist seit ihrer Jugendzeit geblieben mit der besonderen Vorliebe, Alltagssituationen satirisch zu betrachten und in Kurzgeschichten festzuhalten. Leider fehlt es zurzeit noch an Zeit und Muße und der damit verbundenen Kreativität, um dieses Hobby intensiver betreiben zu können. An Material scheitert es eigentlich nie, denn das Leben ist vielfältig und bunt, und Situationskomik bietet es im Überfluss.

DAS KONZEPT DER AUTOREN-WERKSTATT

Die Anthologien »Autoren-Werkstatt«, die fortlaufend durchnumeriert werden, geben den Autoren des R. G. Fischer Verlages Gelegenheit, im Rahmen der »edition fischer« ausgewählte Arbeiten – Lyrik und Prosa – vorzustellen. Damit wird eine mehrfach aus dem Kreis der Autoren des R. G. Fischer Verlages vorgetragene Anregung realisiert.

Die Autoren werden mit ihren Arbeiten in alphabetischer Reihenfolge vorgestellt, so dass die Beiträge jedes Autors als geschlossener Abschnitt innerhalb des Buches präsentiert werden und auf diese Weise Einblick in den jeweiligen Arbeitsstil geben. Am Schluss jedes Bandes ist eine kurze Übersicht über die einzelnen Autoren enthalten.

Mit der vorliegenden Ausgabe liegen die Nummern 1 bis 97 und 100 vor. Die »Autoren-Werkstatt 99« erscheint voraussichtlich im Frühjahr 2008. Bandnummer 98 ist eine Sonderausgabe mit Texten für Kinder und erscheint zu Weihnachten 2007. Der Verlag beabsichtigt, im Rahmen der »edition fischer« von Zeit zu Zeit weitere Sammelbände dieser Art herauszubringen und damit Autoren eine Möglichkeit zur Veröffentlichung auch kürzerer Arbeiten zu geben.

Autoren, die sich an weiteren Ausgaben der »Autoren-Werkstatt« beteiligen möchten, werden um Einsendung ihrer Arbeiten unter dem Kennwort »Autoren-Werkstatt« an den Verlag gebeten: R.G.Fischer Verlag, Orber Straße 30, D-60386 Frankfurt am Main.

PRESSESTIMMEN

Herr Stiastny vom Literaturverein Günzburg schreibt über Autoren-Werkstatt 2:
Die Anthologie gehört zu den besten Anthologien, die ich in den letzten Jahren kennengelernt habe. Ich lese noch immer darin und staune jedesmal über die Vielfalt der Themen, die Art der Darbietung und Ausstattung des Buches. Ich plane, diese ungewöhnlich gute Anthologie in der nächsten Ausgabe der Zeitschrift HORIZONTE Nr. 32 ausführlich zu besprechen ... Im Laufe der Jahre sind mir waschkorbweise Gedichtmanuskripte zugegangen, und ich habe gelernt, Spreu vom Weizen zu trennen!

Rezension Buchjournal 1/87:
Auch die zehnte Ausgabe der Anthologie »Autoren-Werkstatt« steckt wieder voller Überraschungen – eine gelungene Mischung aus Lyrik und Prosatexten. Die Beiträge der weitgehend noch unbekannten Autoren zeigen z.T. beachtliche sprachliche Kraft und Sicherheit. Auffallend an dieser Anthologie ist die Häufigkeit, mit der die verschiedensten unwirklich anmutenden Szenarien geschaffen werden, sehr stark z.B. in Alexander Donaus Geschichte »Schönheitsreparaturen« über die merkwürdige Freundschaft zwischen zwei Ostblockemigranten, in Birgit Kahlerts Beschreibung einer fiktiven Reise nach Berlin, in Kerstin Brugbauer-Willers Geschichte von Pauls Ausgang aus den abgedunkelten Räumen.

»Der literat« in Heft 10/89 über die »Autoren-Werkstatt 15«: »In goldenen Gärten« ist die »Autoren-Werkstatt 15« überschrieben. Die Beiträge der neuen Edition sind in den Gattungen Lyrik und Prosa zu Hause. Thematisch grenzen sie sich durch Vielfalt von-

einander ab. So entstehen in diesen Gärten bunte Rabatten, zwischen denen der Leser umherschweifen kann. Zahlreiche Autoren, die hier ihre Handschrift vorweisen, sind bereits alte Bekannte aus den früheren Anthologien; so ist die Entdeckerfreude auch eine literarische, eine Weg- und Werkschau der Entwicklung der Autoren.

Tilly Boesche-Zacharow schreibt in SILHOUETTE 26/1989 über »Autoren-Werkstatt 15«: Ein Vergnügen für Leser, eine Fundgrube für ›offen gebliebene‹ Verleger. Die zumeist – noch – unbekannten Autorennamen geben Anlass zur Hoffnung, dass einige nicht unbekannt bleiben müssten, wenn sich kompetente Talentsucher mit der Anthologie beschäftigen würden und sie auf sich wirken ließen.

Eine der zahlreichen Pressestimmen zu unserer Anthologie »Autoren-Werkstatt 47«, Bonner Rundschau, August 1995:
Hoffnungsblumen im bundesdeutschen Literaturgarten? »Frischer Wind« nennt die Herausgeberin Rita G. Fischer selbstbewusst Band 47 – Teil l, der auf 520 Seiten jungen deutschen Talenten ein Forum bietet innerhalb eines Literaturmarktes, in dem ansonsten ausländische Autoren dominieren.

Egon Schramm von der Axel Andersson Akademie schrieb im Mai 1995:
Herzlich danke ich Ihnen für die Anthologie »Frischer Wind 4«, die ich vor ein paar Tagen bekam ... Das Anthologie-Programm des R. G. Fischer Verlags hat erfreulicherweise schon Tradition, und ich halte es für eine höchst verdienstvolle Anstrengung, Autoren den Weg in die Öffentlichkeit zu eröffnen.

Das Wochenblatt für Chemnitz und Umgebung schreibt am 24.04.1996:
Die ... Anthologiereihe ›Autoren-Werkstatt‹ wurde 1982 gegründet und gibt seitdem Autoren die Möglichkeit, mit kürzeren Texten an die Öffentlichkeit zu treten, Lyrik und Prosa vorzustel-

len ... Aus der Autorenübersicht mit kurzen bio-bibliographischen Angaben geht hervor, dass es sich um Frauen und Männer handelt, denen es um die Lust am Erzählen und Dichten geht. Daraus ergibt sich auch die Schaffensvielfalt der Schreibenden, die Unterschiedlichkeit der Thematik ... traditionsgemäß kleine Erzählungen und viele Gedichte. Neben bereits »Hausautoren« sind neue Namen zu finden ... Ein eingeschlagener Weg, den es offenbar weiterzugehen lohnt.

Sogar Briefe begeisterter »Autoren-Werkstatt«-Leser aus dem Ausland erreichen uns. So schrieb uns z.b. am 10.12.96 Wladimir Trofimow aus Rußland u.a.: Ich bin als Schuldirektor tätig und mein Hobby ist ausländische Literatur, vor allem die deutsche. Meine Freunde und ich sind sehr dankbar für die Anthologie-Reihe »Autoren-Werkstatt«. Immer, wenn ich in Deutschland bin, kaufe ich einige Exemplare für meine Freunde und mich.

Der »Chemnitzer Blick« schreibt am 18.11.1997:
»Weithin unter 'm Sternenzelt«: Unter diesem verheißungsvollen Titel erschien diese Weihnachts-Anthologie 8 der Reihe »Autoren-Werkstatt«. Der dickleibige Band mit nahezu 600 Seiten umfasst meist mehrere Beiträge von 67 Schreibenden. Es sind Menschen unterschiedlichster Herkunft, des Alters und des Geschlechts. Sie alle griffen aus Neigung zur Feder, vielleicht zum ersten Mal, andere haben bereits selbständige Bücher vorzuweisen ... Es sind ernste und heitere Beiträge, zum Nachdenken und zum Schmunzeln, eben aus dem Leben gegriffen. Ein Buch, das sich zum Lesen und Vorlesen bei Kerzenschein eignet, das sich als Geschenk unter dem Tannenbaum empfiehlt.

Ula Franke schreibt in der Luckenwalder Rundschau vom 17./ 18.04.1999:
... Die Anthologie mit dem Titel »Geh still die alten Wege« wurde auch auf der Leipziger Buchwoche vorgestellt. Die »Autoren-Werkstatt« erscheint seit 1982. Auch die 66. Ausgabe enthält wieder eine bunte Vielfalt ... »Ich bin froh über die Möglichkeit, mit

meinen Texten und Gedichten in die Öffentlichkeit zu treten«, so Pfarrer Flach, der zugleich allen »heimlichen« Schreibern Mut machen will, eigene Werke drucken zu lassen.

Monika Neuenschwander schreibt in der bz vom 28.11.2000:
»Glück muss man können« ist ein neuer Band in der Buchreihe »Autoren-Werkstatt«, eine Anthologie mit Gedichten und Prosatexten von deutschsprachigen Schriftstellern. Glück muss man können: Für jeden gibt es die Quellen des Glücks, er muss nur bereit sein, sie zu finden und zu nutzen. Suchen fordert vielleicht Geduld, aber schließlich wird man belohnt. Belohnt wird auch Jürg Berger, der vor wenigen Tagen die Zusage von seinem Verlag erhalten hat, dass in zwei weiteren Bänden der Autoren-Werkstatt Texte von ihm publiziert werden. Darauf freut er sich sehr.

AUTOREN-WERKSTATT in der edition fischer des R. G. Fischer Verlages, Frankfurt. ISSN 0724-9543

Autoren-Werkstatt 1. Anthologie. 1982. 232 Seiten.
€ 10,12. ISBN 978-3-88323-325-3
Autoren-Werkstatt 2. Anthologie. 1983. 348 Seiten.
€ 10,12. ISBN 978-3-88323-432-8
Autoren-Werkstatt 3. Anthologie. 1983. 292 Seiten.
€ 10,12. ISBN 978-3-88323-450-2
Tiefer in den Tag gedacht. Autoren-Werkstatt 4. 1984. 332 Seiten.
€ 12,68. ISBN 978-3-88323-402-1
Und gehe heiter weiter. Autoren-Werkstatt 5. 1984. 256 Seiten.
€ 10,12. ISBN 978-3-88323-507-3
Greife ins Füllhorn. Autoren-Werkstatt 6. 1985. 304 Seiten.
€ 10,12. ISBN 978-3-88323-548-6
Neue Horizonte entdecken. Autoren-Werkstatt 7. 1985. 284 Seiten.
€ 10,12. ISBN 978-3-88323-569-1
Wie eine Insel. Autoren-Werkstatt 8. 1986. 280 Seiten.
€ 10,12. ISBN 978-3-88323-613-1
Spannt sich wie ein Regenbogen. Autoren-Werkstatt 9. 1986. 268 Seiten. € 10,12. ISBN 978-3-88323-617-1
Blätterspiele. Autoren-Werkstatt 10. 1987. 332 Seiten.
€ 10,12. ISBN 978-3-88323-672-8
Spuren hinterlassen. Autoren-Werkstatt 11. 1988. 436 Seiten.
€ 10,12. ISBN 978-3-88323-703-9
Sternenrad. Autoren-Werkstatt 12. 1988. 316 Seiten.
€ 10,12. ISBN 978-3-88323-752-7
Silberglanz und Morgenrot. Autoren-Werkstatt 13. 1988. 312 Seiten.
€ 10,12. ISBN 978-3-88323-789-3
Im Mond des Erkennens. Autoren-Werkstatt 14. 1989. 320 Seiten.
€ 10,12. ISBN 978-3-88323-798-5
In goldnen Gärten. Autoren-Werkstatt 15. 1989. 312 Seiten.
€ 10,12. ISBN 978-3-88323-890-6
Badet Tau die bunte Welt. Autoren-Werkstatt 16. 1989. 284 Seiten.
€ 10,12. ISBN 978-3-88323-922-4
Spiel mit dem Traum. Autoren-Werkstatt 17. 1989. 312 Seiten.
€ 10,12. ISBN 978-3-88323-914-9

Im sanften Honigfluß. Autoren-Werkstatt 18. 1989. 224 Seiten.
€ 10,12. ISBN 978-3-88323-941-5
Tanz durch Kristallpaläste. Autoren-Werkstatt 19. 1990. 260 Seiten.
€ 10,12. ISBN 978-3-89406-045-9
Gezeitenwechsel. Autoren-Werkstatt 20. 1990. 294 Seiten.
€ 10,12. ISBN 978-3-89406-143-2
Flügelschlag des Glücks. Autoren-Werkstatt 21. 1990. 256 Seiten.
€ 10,12. ISBN 978-3-89406-201-9
Wege der Sehnsucht. Autoren-Werkstatt 22. 1990. 220 Seiten.
€ 10,12. ISBN 978-3-89406-209-5
Feuer in der Nacht. Autoren-Werkstatt 23. 1991. 376 Seiten.
€ 10,12. ISBN 978-3-89406-221-7
Am offenen Fenster stehn. Autoren-Werkstatt 24. 1991. 256 Seiten.
€ 10,12. ISBN 978-3-89406-342-9
Ein Wort kann eine Brücke sein. Autoren-Werkstatt 25. 1991. 232 Seiten. € 10,12. ISBN 978-3-89406-367-2
Leuchten die Sterne mit tieferem Glanz. Autoren-Werkstatt 26. Weihnachts-Anthologie 1. 1990. 292 Seiten.
€ 10,12. ISBN 978-3-89406-288-0
Wind und Zeit. Autoren-Werkstatt 27. 1991. 280 Seiten.
€ 10,12. ISBN 978-3-89406-422-8
Sonnenschrift und weiße Wege. Autoren-Werkstatt 28. 1991. 256 Seiten. € 10,12 ISBN 978-3-89406-474-7
Gib den Träumen freien Lauf. Autoren-Werkstatt 29. 1992. 352 Seiten. € 10,12. ISBN 978-3-89406-475-4
Glocken hör ich klingen. Autoren-Werkstatt 30. Weihnachts-Anthologie 2. 1991. 324 Seiten. € 10,12. ISBN 978-3-89406-500-3
Nimm mich mit ins Zauberland. Autoren-Werkstatt 31. 1991. 188 Seiten. € 10,12. ISBN 978-3-89406-497-6
Segel setzen. Autoren-Werkstatt 32. 1992. 300 Seiten.
€ 10,12. ISBN 978-3-89406-484-6
Durch tausend Türen. Autoren-Werkstatt 33. 1992. 308 Seiten.
€ 10,12. ISBN 978-3-89406-559-1
Spiegelspiele. Autoren-Werkstatt 34. 1992. 320 Seiten.
€ 10,12. ISBN 978-3-89406-638-3
Heute zur Heiligen Nacht. Autoren-Werkstatt 35. Weihnachts-Anthologie 3. 1992. 204 Seiten. € 10,12. ISBN 978-3-89406-686-4

Dorthin, wo die Worte schlafen. Autoren-Werkstatt 36. 1993.
360 Seiten. € 10,12. ISBN 978-3-89406-704-5
Sternschnuppen schenken. Autoren-Werkstatt 37. 1993. 340 Seiten.
€ 10,12. ISBN 978-3-89406-722-9
Fenster in die Welt. Autoren-Werkstatt 38. 1993. 280 Seiten.
€ 10,12. ISBN 978-3-89406-855-4
Hoffnungsblumen. Autoren-Werkstatt 39. 1993. 336 Seiten.
€ 10,12. ISBN 978-3-89406-856-1
Blaue Blüten. Autoren-Werkstatt 40. 1994. 324 Seiten.
€ 10,12. ISBN 978-3-89406-994-0
Das kleine Glück ist oft das große. Autoren-Werkstatt 41. 1994.
328 Seiten. € 10,12. ISBN 978-3-89406-865-3
Weihnacht heißt mit Hoffnung leben. Autoren-Werkstatt 42.
Weihnachts-Anthologie 4.1993. 268 Seiten.
€ 10,12. ISBN 978-3-89406-940-7
Straße in den Himmel. Autoren-Werkstatt 43. 1994. 428 Seiten.
€ 10,12. ISBN 978-3-89406-996-4
Was des Nachts der Himmel schreibt. Autoren-Werkstatt 44. 1994.
316 Seiten. € 14,32. ISBN 978-3-89501-108-5
Zauberworte. Autoren-Werkstatt 45. 1994. 320 Seiten.
€ 14,32. ISBN 978-3-89501-159-7
Eines Tages siehst du den Stern. Autoren-Werkstatt 46.
Weihnachts-Anthologie 5. 1994. 256 Seiten.
€ 13,29. ISBN 978-3-89501-080-4
Frischer Wind. Autoren-Werkstatt 47, Teil 1. Sonder-Anthologie.
1995. 520 Seiten. € 17,79. ISBN 978-3-89501-163-4
Frischer Wind. Autoren-Werkstatt 47, Teil 2. Sonder-Anthologie.
1995. 424 Seiten. € 17,79. ISBN 978-3-89501-170-2
Frischer Wind. Autoren-Werkstatt 47, Teil 3. Sonder-Anthologie.
1995. 420 Seiten. € 17,79. ISBN 978-3-89501-171-9
Frischer Wind. Autoren-Werkstatt 47, Teil 4. Sonder-Anthologie.
1995. 468 Seiten. € 17,79. ISBN 978-3-89501-172-6
Unterm vollen Mond wacht die Nacht. Autoren-Werkstatt 48. 1995.
328 Seiten. € 15,24. ISBN 978-3-89501-223-5
Goldne Fenster schneenachtschön. Autoren-Werkstatt 49.
Weihnachts-Anthologie 6. 1994. 276 Seiten.
€ 13,29. ISBN 978-3-89501-146-7

Des Lebens Zaubergarten. Autoren-Werkstatt 50. 1995. 292 Seiten.
€ 16,36. ISBN 978-3-89501-273-0
Menschen begegnen. Autoren-Werkstatt 51. 1995. 372 Seiten.
€ 18,41. ISBN 978-3-89501-291-4
Weihnachtswunderkinderland. Autoren-Werkstatt 52.
Weihnachts-Anthologie 7.1995. 352 Seiten.
€ 18,41. ISBN 978-3-89501-297-6
Flieg mit mir. Autoren-Werkstatt 53. 1996. 264 Seiten.
€ 15,24. ISBN 978-3-89501-343-0
Treibt mich der Wind. Autoren-Werkstatt 54. 1996. 160 Seiten.
€ 9,61. ISBN 978-3-89501-327-0
Atemholen im Zeitgarten. Autoren-Werkstatt 55. 1996. 268 Seiten.
€ 15,24. ISBN 978-3-89501-354-6
Solang die Welt sich für uns dreht. Autoren-Werkstatt 56. 1996.
316 Seiten. € 17,79 ISBN 978-3-89501-375-1
Es hat die Sehnsucht einen Traum erdichtet. Autoren-Werkstatt 57
256 Seiten. € 15,24. ISBN 978-3-89501-431-4
Weithin unterm Sternenzelt. Autoren-Werkstatt 58.
Weihnachts-Anthologie 8.1996. 596 Seiten.
€ 29,65. ISBN 978-3-89501-427-7
Alte Lieder klingen wieder. Autoren-Werkstatt 59.1997. 244 Seiten.
€ 13.70. ISBN 978-3-89501-514-4
Ein Feld voll goldner Blüten. Autoren-Werkstatt 60. 1997.
404 Seiten. € 19,43. ISBN 978-3-89501-573-1
Fang dir den Sonnenschein. Autoren-Werkstatt 61. 1997. 400 Seiten.
€ 19,43. ISBN 978-3-89501-575-5
Rückblick an der Schwelle zum dritten Jahrtausend. Band l.
Autoren-Werkstatt 62. 1997. 508 Seiten.
€ 21,47. ISBN 978-3-89501-578-6
Ein geheimnisvolles Warten. Autoren-Werkstatt 63.
Weihnachts-Anthologie 9.1997. 224 Seiten.
€ 12,68. ISBN 978-3-89501-571-7
Versteckt in jubelnder Hymne. Autoren-Werkstatt 64. 1998.
284 Seiten. € 16,36. ISBN 978-3-89501-613-4
Goldner Einstmalszauber. Autoren-Werkstatt 65. 1998. 356 Seiten.
€ 17,38. ISBN 978-3-89501-705-6
Geh still die alten Wege. Autoren-Werkstatt 66. 1999. 324 Seiten.
€ 16,36. ISBN 978-3-89501-782-7

Das Wort Gottes verkünden - Band l. Autoren-Werkstatt 67. 1998. 132 Seiten. € 8,59. ISBN 978-3-89501-707-0
Rückblick an der Schwelle zum dritten Jahrtausend. Band 2. Autoren-Werkstatt 68. 1998. 204 Seiten. € 10,12. ISBN 978-3-89501-635-6
Wenn ein Kind nicht schlafen kann ... Autoren-Werkstatt 69. 1998. 168 Seiten. € 8,59. ISBN 978-3-89501-706-3
Kerzen brennen an den Zweigen. Autoren-Werkstatt 70. Weihnachts-Anthologie 10.1998. 244 Seiten. € 13,29. ISBN 978-3-89501-745-2
In den späten Nebeln des Lebens. Autoren-Werkstatt 71. 1999. 336 Seiten. € 16,36. ISBN 978-3-89501-821-3
Farben hat der Herbst gesät. Autoren-Werkstatt 72. 1999. 356 Seiten. € 17,38. ISBN 978-3-89501-897-8
Glück muß man können. Autoren-Werkstatt 73. 2000. 348 Seiten. € 16,36. ISBN 978-3-89501-929-6
Rückblick an der Schwelle zum dritten Jahrtausend – Deutschland denken. Band 3. Autoren-Werkstatt 74. 1999. 212 Seiten. € 11,25. ISBN 978-3-89501-915-9
Als trieb' ein Cherub flammend ihn von hinnen. Johann Wolfgang von Goethe zum 250. Geburtstag. Autoren-Werkstatt 75. 1999. 172 Seiten. € 10,12. ISBN 978-3-89501-916-6
Die Nacht ist still und doch voll Jubel. Autoren-Werkstatt 76. Weihnachts-Anthologie 11. 1999. 344 Seiten. € 17,38. ISBN 978-3-89501-910-0
Wer sein Herz der Stille weiht. Autoren-Werkstatt 77. 2000. 296 Seiten. € 16,36. ISBN 978-3-8301-0009-6
Schlafende Knospen entfalten sich singend. Autoren-Werkstatt 78. 2001. 336 Seiten. € 17,38. ISBN: 978-3-8301-0058-4
Sie ist da, die Zeit der Kerzen. Autoren-Werkstatt 79. Weihnachts-Anthologie 12. 2000. 296 Seiten. € 16,36. ISBN 978-3-8301-0066-9
Licht im wechselnden Spiel. Autoren-Werkstatt 80. 2001. 346 Seiten. € 17,38. ISB: 978-3-8301-0103-1
Ein Wort, das eine Brücke schlägt. Autoren-Werkstatt 81. 2001. 302 Seiten. € 16,36. 978-ISBN 3-8301-0170-3
Blumen im Wind. Autoren-Werkstatt 82. 2001. 302 Seiten. € 14,80. ISBN 978-3-8301-0234-2

Alle Herrlichkeit der Welt. Autoren-Werkstatt 83. 2002. 352 Seiten. € 18,50. ISBN 978-3-8301-0255-7
Froh durch's Winterweihnachtsland. Autoren-Werkstatt 84. Weihnachts-Anthologie 13. 2001. 264 Seiten. € 14,80. ISBN 978-3-8301-0290-8
Träumen in des Himmels blaue Weite. Autoren-Werktstatt 85. 2002. 320 Seiten. € 17,80. ISBN 978-3-8301-0426-1
Ich will von Liedern und Gedichten träumen. Autoren-Werkstatt 86. 2003. 256 Seiten. € 14,80. ISBN 978-3-8301-0441-4
Ein vertrauter, sillberheller Klang... Autoren-Werkstatt 87. Weihnachtsanthologie 14. 2002. 260 Seiten. € 14,80. ISBN 978-3-8301-0438-4
Wie schnell fliegt Glück? Autoren-Werkstatt 88. 2003. 304 Seiten. € 16,50. ISBN 978-3-8301-0482-7
Ein kleines Lächeln im Gesicht. Autoren-Werkstatt 89. 2004. 296 Seiten. € 16,80. ISBN 978-3-8301-0515-2
Überzuckert von leichtem Schnee. Autoren-Werkstatt 90. Weihnachts-Anthologie 15. 2003. 208 Seiten. € 13,80. ISBN 978-3-8301-0466-7
Blumen blühen immer wieder. Autoren-Werkstatt 91. 2004. 304 Seiten. € 16,80. ISBN 978-3-8301-0607-4
Lametta, Kugeln, Sterne. Autoren-Werkstatt 92. Weihnachtsanthologie 16. 2004. 288 Seiten. € 15,80. ISBN 978-3-8301-0592-3
Getragen von Flügeln. Autoren-Werkstatt 93. 2005. 264 Seiten. € 16,80. ISBN 978-3-8301-0702-6
Kerzengold auf Tannengrün. Autoren-Werkstatt 94. Weihnachts-Anthologie 17. 2005. 176 Seiten. € 14,80. ISBN 978-3-8301-0760-6
Welle sein im strömenden Fluss. Autoren-Werkstatt 95. 2006. 280 Seiten. € 16,00. ISBN 978-3-8301-0883-2
In jenem Stall in Bethlehem. Autoren-Werkstatt 96. 2006. 132 Seiten. € 12,80. ISBN 978-3-8301-0910-5
Ein Leuchten in den Blättern. Autoren-Werkstatt 97. 2007. 296 Seiten. € 16,00. ISBN 978-3-8301-0981-5